違和感から始まる社会学

日常性のフィールドワークへの招待

好井裕明

光文社新書

目次

第5章　日常性のフィールドワークをめぐる旅Ⅱ……………

はじめに

私は学部生の卒業論文を読むのが好きだ。彼らは、就職活動で多大な時間とエネルギーをとられながらも、自らの問題関心をもとに本を読んだり、調査したり、フィールドワークをしたり、聞き取りをしたりして、独自の成果をつくりだす。

学問的水準などという厳しいことを言いだしたら、いろいろと批判できるが、荒削りな問題関心のもとで、いま自分ができる営みをがんばり、一つの〝作品〟としてまとめあげる。そのエネルギーと問題関心、彼らの思索の軌跡が卒業論文のなかで、嬉々《きき》として躍動しているのを見るのがこのうえもなく楽しいのだ。

筑波大学から日本大学文理学部社会学科に移って二年がたち、初めての卒業論文を読んだ。ゼミ生一七名の指導をしたのだが、映画『ヘルタースケルター』に触発され、映画だけでなくコミック『ヘルタースケルター』を解読し、さらにこの概念の歴史的変遷を調べあげ、現代若者論と重ねようとした独創的な社会学、鵜飼正樹の『大衆演劇への旅』(第3章参照)さながらに、芸能山城組に参加し、その過程を詳細に記述し、フィールドワークしている自分の姿をも反省し、大学生のためのフィールドワーク入門を書いた社会学、地域猫活動におけるボランティアの実践や意義を考察する地道で経験的な社会学、野宿者の夜回り活動に参加し、野宿者支援が孕《はら》む問題を関連するセクターごとに論じる意欲的な社会的包摂論、大好きなライブを参与観察し、ライブの〝のり〟がいかにしてその場でつくりあげられるのかを自分の感覚と言葉で語った楽しい作品、ある映画に触発されかつての大学学園闘争を調べ、日大学生闘争を調べ、なぜいまの学生たちはこうした異議申し立て活動ができなくなっているのかを考える社会学など、読んでいてとてもおもしろく、私の楽しみは、これまで以上に素敵なものとなった。

その卒論のなかに、「ソーシャルゲームに人はなぜはまってしまうのか」という問題関心のもと、人びとがどのようにゲームを楽しむのかを読み解いた作品があった。

具体的なゲームをとりあげ、各ダンジョンをいかにクリアするのか、そのためにはどのような〝負荷〟に耐えなければならないのかなどを詳細に語っている。スマホでゲームを楽しんでいる人にとっては、「あたりまえ」のことが書かれているのかもしれないが、私はとても新鮮に読めたのだ。

興味深かったのは、実際には「なぜはまってしまうのか」ではなく、途中でゲームをやめられなくなる理由やシステムなど、〝どのようにしてはめられてしまうのか〟が論じられていたことだ。

その学生の結論は「ソーシャルゲームとは、ゲームの名を借りた集金システム」だというものだ。もちろん、ゲームを提供する企業は利潤追求が基本であり、この結論はとくに驚くものではない。しかしソーシャルゲームの仕組み――ゲームのステージを進め、さらに楽しむためには、強い敵を倒せるキャラを購入しなければならないなど、ことあるごとに金を吸いあげられていく仕組み――を、改めて詳細に確認した学生自身、その巧妙かつあからさまな「集金システム」に驚いていた。

要するに、ゲームを楽しもうと思えば、それなりに投資しなければだめですよ、ただで楽しもうなんて虫がよすぎませんか、という声がゲームを提供する側から聞こえてきたわけだ。

ただ、私が驚き、本書の「はじめに」で言及しておきたいと思ったのは「集金システム」のことではない。卒論には、ゲームによっては、あるダンジョンを楽しむための曜日や時間帯が限定されているということが書かれていた。

つまり、ゲームのステージをクリアし、さらに難しいステージを楽しもうと思えば、人は決められた曜日の決められた時間帯に必ずスマホの画面に向かっていなければならないわけだ。

これは驚きだった。

私はファミコンやスーパーファミコンでゲームを楽しんだ世代であり、いまだに「マザー」「マザー2」を超えるような楽しいゲームはないと思っているのだが、そもそもどのようなゲームであれ、自分が好きなときに好きに楽しめるものではなかったのか。

私は卒論を読みながら、ソーシャルゲームが私たちの日常をここまで微細にかつ執拗に管理するのか、と正直、驚いたのだ。

もしあるゲームに〝はめられてしまっており〟、ゲームを前に進めることに呪縛されているとすれば、知らず知らずに「集金システム」の罠にはまることになるだろうし、どこにいても、どのような状況で何をしているとしても、ある特定の時間になれば、スマホの画面をのぞきこみ、指をすべらせ、ゲームに没入せざるを得なくなるのだろう。

このことが、私に本書を書きたいと思わせた原風景であり、違和感を覚えてしまう日常の光景なのだ。


毎朝、駅でスマホの画面をのぞきこみ、黙々と指をすべらせ、何かをしている人びと。彼らは周りのことなどほとんど気にしていないかのように、スマホと〝私〟の世界に没入している。

前から誰がどのように歩いてきているのかを、一切気にしないで、スマホに没入し、猛進してくる若者たち。ぶつかりそうになると、こちらが悪いかのように彼らは私を睨《にら》みつける。まさに「いま、ここ」でスマホにとりこまれてしまっている彼らの姿。それは、おそろしいまでに〝均質で、一様で、平板な〟光景なのである。

確かに片手におさまる端末で豊かな情報といくらでも出会えるし、スマホを介して、つねに親しい仲間とやりとりできるし、見知らぬ多様な世界へ誘われるだろう。このうえなく便利で効率のよい道具だ。

しかし、この至便さは、「いま、ここ」で私たちが日常をどのように生き得るのかをめぐり、〝多大な犠牲〟を払ったうえで、初めて得られているものではないだろうか。

先日、東京駅中央線ホームの長い下りエスカレーターを、スマホを見つめ画面に指を滑らせながら、駆け下りている女性がいた。「危ないだろうが」とさすがに私は驚いた。見事なまでのスマホ依存の瞬間といえるかもしれない。

最近、駅のホームでスマホやケータイの〝ながら〟使用の危険を説くアナウンスが常態化しているが、日常をスマホに微細に管理されてしまう危うさは、身体に関わることだけではないだろう。

私は日常について考えることが好きだ。朝起きてから晩寝るまで、日常のほとんどはルーティンワーク——決まりきった営みの繰り返しでできあがっている。その意味では退屈で変化のない世界だろう。しかし日常は、同時に具体的な身体や肉体、精神をもつ他者と出会い、新たなつながりをつくることができるきっかけが生みだされる、新鮮で可能性に満ちた世界だ。

ただ、そうした新鮮な可能性を、私たちはいま、しっかり感じ取って日常を生きているだろうか。たとえば、スマホやソーシャルゲームが私たちの日常を微細に管理し、支配している現実があるとして、私たちは、いったいどのようにしてその〝管理された現実〟を認識し、その〝管理〟や〝支配〟に抗《あらが》って生きることができるのだろうか。

最近流行《はや》りの昭和懐古趣味のように、昔がよかったというつもりはない。そうではなく、かつてに比べ、確実にどこかおかしくなっている日常を、いま一度、普通のありふれた日常として取り戻すには、どうしたらいいのだろうか。私たちが、日常をよりリアルでわくわくしたものとして捉え返す可能性はどこにあるのだろうか。そんなことを考えながら、本書を語りはじめることにしよう。

第1章　日常性をどう考えるか

映画『生きる』から考える

私たちは、普段、どのような世界で生きているのだろうか。この問いへの一つの答えは、日常を生きている、というものだろう。朝起きてから夜寝るまで、毎日の暮らしを振り返るとき、私たちの営みの大半は、日常という場、日常という世界で行われている。

では、日常性とはどのようなものだろうか。

普段、そのようなことを反省することはまずないし、明快な定義など、簡単には見つからない。あまりにも茫漠とした、抽象的な問いであり、どのように答えを探したらいいか、躊躇《ちゅうちょ》してしまうのではないだろうか。

私たちには、それぞれ固有の人生があり、生活事情がある。また、その日その日になんとかすべき問題もあるし、一生かかって考えるべき問題もある。だからこそ、この問いへの答えがめざすところは際限なく多様であり、果てしなく道がつながっているともいえる。

ただ、確実なことが一つある。それは、日常性という世界は、それだけでは存在し得ないということだ。つまりそれは、私たちが「生きる」ことを通して初めて、多様な意味が満ちた現実として、私たちの前に立ち現われてくるのだ。

では私たちは、日常をどのように生きているのだろうか。

また「生きる」とはどういうことなのだろうか。

こう考えはじめると、私はある映画を思いだす。黒澤明の芸術的・娯楽的なセンスがまだ満ちあふれていたころの名作『生きる』（一九五二年）だ。私と同世代の映画好きであれば、一度は見たことがある作品だろう。しかし、いま大学の講義で『生きる』という映画があるの、知ってる?」と学生に問いかけても「知っている」「見たことがある」という声はまず返ってこない。黒澤明という名前さえ知らない学生がほとんどだ。自分が生きてきた時代がどんどん顧みられることのない過去に沈みこんでいくようで悲しくなってしまうが、いい映画はいつの時代になってもその輝きを曇らせることはない。

では、『生きる』とは、どのような映画なのだろうか。

主人公はある役所の市民課長だ。名優、志村喬が演じている。三〇年間、無遅刻無欠勤の彼は、ただ毎日課長の椅子に座り、うずたかく積まれた決裁書類に目を通し、はんこを押し続ける。それ以外何もしない。

ナレーションは語る。「時間を潰《つぶ》しているだけ」「生きた時間がない」「彼は二〇年ほど前から死んでしまっているのだ」「実際、生きているとはいえない」と。

市民課の窓口には「ここは市民の皆様と市役所を直接結びつける窓口です。市政に関する皆様の不平、不満、注文、希望、なんでも遠慮なくお申出ください」という掲示がある。

あるとき、不衛生な下水だまりをなんとかしてくれと、赤ん坊をおぶった女性たちが窓口を訪れる。窓口の職員が指示をあおぐと、主人公である市民課長は書類から顔をあげるが、女性たちを見ることもせずに「土木課」とひとこと言うだけ。

その後女性たちは、土木課→公園課→地区保健所→衛生課→環境衛生係→予防課→防疫課→虫疫課→下水課→道路課→都市計画部→区劃整理課→消防署→児童福祉課→地区選出の区会議員→議員の紹介で助役へ、と延々たらい回しされるが、この間のテンポのある映像は、実質何もしていないお役所仕事を象徴していて、なかなかおもしろい。

助役室での場面。あなたたちのような人こそ大歓迎だといわんばかりの助役は、「苦情大歓迎、市民の声を聞くために市民課を新設したのです」と、女性たちを再び市民課へと案内する。ところが、以前話を聞いた窓口の同じ職員は、そっけなく「その話でしたら、土木課へ。どうぞ八番の窓口へ」と言う。

堪忍袋の緒が切れた女性たち。「私たちは、あの臭い下水だまりをなんとかしてくれと言ってるだけだ」「あんたたちほど暇ではない」と怒りをぶちまけ帰ろうとする。男性職員は初めてあわてうろたえ、「あいにく今日は課長が休みで。書類にでもして提出を」と役所を出ようとする彼女たちを押しとどめるのである。

無断欠勤していた主人公の課長。実は胃の調子が悪く病院へ検査に行っていた。待合室で会った男の体験談から医者の応対を知り、自分は胃がんで余命いくばくもないことがわかってしまう。

彼は激しく動揺し、これまでの人生が走馬灯の如《ごと》く、心のなかを激しく駆け巡る。いったいいままで何をしてきたのか。彼は初めて自分の人生を反省しようとするのだ。自分に腹が立ち、貯金をおろし、憂さをはらそうとするが、悲しいかな、遊び方がわからない。場末の飲み屋で出会った小説家が彼の事情を聞いて感動し、「人生の楽しみ方」を先導する。

パチンコ→ビアホール→客引きの女たちをかき分け→バー→キャバレー→ストリップ→ダンスホールと、これまで飲んだことのない高い酒をしこたま飲み、女性の裸を観賞し、盛り場の女性と踊る。しかし、少しも気分は軽くならない。彼は余計に落ちこんでいく。

退屈なだけの役所を辞めていった、主人公の部下の若い女性。余命をどう生きていいかわからない彼は、彼女のはつらつとした、ほとばしるような「生きる」エネルギーに魅《み》せられる。彼女に引き寄せられ、たびたび欲しいものを買ってやり、一緒に食事をする。

最初は主人公の好意を素直に受けていた女性も、だんだんその真意をはかりかねるようになり、距離をおこうとするが、主人公は彼女が働く工場まで出かけ、会ってくれと懇願する。いまであれば「爺のストーカー」といったところだが、彼は必死だ。別に彼女となんとかなりたいという思いなどない。ただ彼女の「生きている姿」がまぶしく、なぜこんなにもエネルギーがあふれているのだろうと、見ているだけでほっとしていたのだ。

しかし、彼女との時間を重ねても、余命をどう生きればいいのかわからない主人公は焦る。彼女は、自分が働く工場でつくられたうさぎのおもちゃを見せ「こんなものでもつくっていると楽しいわ。課長さんも何かつくったら」「でも私には何もつくるものが……」と考えこむ主人公。

突然、彼は初めて何かに気づいたかのように顔をあげ、「そうだ、私にもやれることが」とつぶやき、駆り立てられるように彼女の許《もと》から去っていく。

残りの人生を「生きる」意味をやっと見つけだした主人公。それは酒や女で「人生の憂さをはらすこと」ではない。彼が「生きる」意味は、役所という仕事の場にあった。

机の隅に積んであった不衛生な下水だまりへの苦情の書類を取りだし、動きだす。周囲があっけにとられているうちに、現地の事情を調べ、役所の慣行も無視し、自ら関連する課を説いてまわって調整し、池を埋め立て、公園にする糸口をつくり、死んでしまうのである。

「生きる」ことの意味とは

私たちが充実して「生きる」こと。

それは、これをすべきだと思う価値ある何かを見つけ、その何かを成し遂げようとする営みにこそある。さらにいえば、その何かは他の人びとを幸福にするものであり、他人を幸せにすることはその人自身をも幸せにする。

こんなメッセージが『生きる』には詰まっている。

もちろん、こうしたメッセージは倫理的・道徳的であり、その語り方・描き方が稚拙であれば、わかりきった説教口調の物語が展開するだけだ。映画『生きる』には、そんな説教口調は微塵《みじん》もない。

近い将来自分が死ぬことを知った人間が、残された時間をどう充実して生きればいいのか、という問いに対して、ジタバタ身もだえしながらもなんとか答えを見つけ、「生ききって」いった。そういうごく「あたりまえ」の人間の姿が、風刺とユーモアをまぶして見事に描かれているのである。

さて、私たちが日常を「生きる」ということは、どういうことなのだろうか。

『生きる』の主人公が苦悩したように、私たちはつねに「生きる」意味を追い求め、毎日を暮らしているのだろうか。

ある意味、それはイエスといえるだろうが、私たちの多くの実感からすれば、いつもそんなことを考え、追い求めているわけではない。それではしんどくてかなわないだろう。つまり私たちは普段、映画の主人公のようには『生きて』いないのだ。

言い方を変えてみよう。

『生きて』いない日常を「生きている」として、私たちは、何もしていないのだろうか。

いや、そんなことはない。

たとえば、『生きる』の主人公は、余命をどう生きるかの光が見えたとき、下水だまりの苦情の書類を探しだして、「これだ」とつぶやいている。彼の頭のなかから、この苦情はまったく消え去っていたわけではなかった。その書類は以前に読んでいたし、窓口へ来た女性たちのことも覚えていた。ただ彼は、それを自分の仕事場の「日常」を撹乱《かくらん》するものと了解し、「無視」してきたのである。

「無視」とは、何もしないことではない。

この場合だと、書類を自分の「日常」とは無関係なものとして、どこにどのように積んでおくか。窓口で語られる苦情をどのように「雑音」として聞くか。苦情や要求を他のどの課へ回すかを、瞬時に判断する必要もあるだろう。つまり彼は、さまざまな高度な「方法」を「あたりまえ」のように駆使し、自らの「日常」が撹乱されず「むだな時間を過ごせる」ように生きてきたのである。

このように「日常」を生きることがだめだと言うつもりは、まったくない。

私が問題としたいのは、①「生きる」意味をつきつめる必要のない「日常」を、私たちは普段、どのように生きているのだろうか、②そのように「日常」を生きること自体が、どういう営みなのだろうか、③私たちが「日常」にどのようなまなざしを向ければ、よりおもしろく生きることができるのだろうか、ということなのである。

亡命社会学者シュッツの日常生活世界論

ところで、私たちが普段生きているこの世界——日常生活世界はどのようにできあがっているのだろうか。

日常生活世界の構成について深く考えぬき、私たちにとって重要な思考の準拠点を与えてくれた社会学者がいた。アルフレート・シュッツ（Alfred Schütz　一八九九～一九五九年）だ。

彼はオーストリアのウィーンに生まれるが、ナチスドイツの影響から逃れるためにアメリカへ移住した、亡命知識人の一人である。シュッツは、昼間は銀行勤めをして市井《しせい》の人として働き、夜に社会学を研究して教えるというユニークなキャリアの持ち主だった。

ここでシュッツの理論や経歴などを詳細に述べようとは思っていない。ただ、彼は大学という象牙の塔に閉じこもり、身の安全を確保し、そこから社会について考え、あれこれ批判するという〝講壇社会学者〟ではなく、つねに生活する一人の人間として、自らが暮らす社会に向き合っていた。さらに見知らぬ土地であるアメリカで、〝よそもの〟として暮らしたため、自分がそれまで生きてきた自明性や「あたりまえ」が、つねに具体的な場面で問われ、その意味を考え直さざるを得なかった。そういう意味で、普段から刺激的な日常を生きていたからこそ、日常生活世界という、私たちにとって重要なトピックを見出《みいだ》し得たのではないだろうか。

それまでの社会学では、日常生活世界は、社会や文化をめぐってさまざまに考えるうえで〝改めて問う必要のない〟前提となっており、それ自体を探究の対象とすることはなかった。しかし、シュッツが、「現象それ自体へ」というメッセージに象徴される現象学的哲学、実存主義的哲学の考え方に影響を受け、基本的なものの見方を変えていったとき、日常生活世界は、それ自体として探究すべき重要なトピックとなったのである。

シュッツ理論が社会学にもたらした功績は多大だ。その最大の貢献は、「日常生活世界――つまり、普段私たちがあたりまえのように暮らしている世界こそ、探究すべき重要な社会学的トピックである」という、現在、社会学のテキストではまさにあたりまえになっていることを、明快に主張し位置づけたことだと私は考えている。

人間は「意味を生きる存在」

私たちは、どういう存在なのだろうか。

ホモ・ルーデンス（遊ぶ人間）、ホモ・エコノミクス（経済活動をする人間）、ホモ・モーベンス（動く・移動する人間）、ホモ・ソシオロジクス（社会学する人間）など、さまざまに考えることができよう。ただ一つ確かなことは、人間とはつねに「意味を生きる存在」だということである。朝起きて、昼間働き、夜床に就くまで、いや眠ってからも夢のなかで、さまざまな意味を生きている。

そして、その意味は、私たち個人の心や主観のなかだけでつくられ、生きているだけではない。その意味は、日常のさまざまな場面や状況、多様な現実で他者と出会い、他者との相互行為、他者との関係性のなかで、いわば相互主観的につくられ、確認され、維持され、変動していく。

一九八〇年代当時大学院生であった私は、シュッツの日常生活世界論や多元的現実論などを読み、どこか他で決められた役割を取得し、そつなく演じ、既存の秩序を維持する、固定・安定した人間像ではなく、つねに他者との日常のなかで、新たに意味を創造し得るダイナミックなプロセスとしての人間像を感じ取り、わくわくしていた。

もちろんシュッツの議論には、たとえば、私が家庭で父親として生きていく際にどのような知識が必要で、また身近な他者を「かみさん」「娘」などと類型化していく際にいかなる実践的な知が関わっていくかなど、ある現実を生きていくうえで、有意で必要な実践的な知識や類型化がどのように関連しているのかといった、私たちの日常の秩序をめぐるものもある。

いずれにせよ、シュッツは、私たちが普段生きている日常生活世界がどのような構成になっているか、私たちが「日常を生きる」ことを考えるとき、立ち返るべき原点とは何かについて、明快に説明してくれているのである。

「至高の現実」としての日常生活世界、そして「先人たちの世界」

私たちは、多様で多元的な現実を生きている。シュッツは、その多様な現実のなかの一つである日常生活世界を、もっとも基本的で重要なものとして「至高の現実（the paramount reality）」と位置づけ、それがどのような構成になっているのかを語っている。

その構成を考えるポイントは、他者とのつながりのありようだ。

私たちは、生まれおちた瞬間から、まったく白紙の世界を生きはじめるのではない。すでにそこには、無数の他者たちが生きてきた世界――いわば「先人たちの世界」があり、そこでの意味が蓄積されている。その先人たちと私たちとのつながりのなかで、日常生活世界ができあがっていく。

そして「先人たちの世界」がもつ意味は、私たちそれぞれがどのような時代を生きてきたかによって——つまり世代によって異なる。

私たちが深く理解し、その意味を継承すべき「先人たちの世界」の例として、私はすぐに、ヒロシマ、ナガサキの被爆体験や東京大空襲などの被災体験・戦争体験、移民の体験などを思いだす。

いまも社会学を研究する若い人たちが、世代を超えて、それらの体験の詳細を明らかにし、それがいまにとっていかなる意味があるのかを解明しようとしている。彼らは、被爆体験、戦争体験、移民の体験などの「先人たちの世界」を、「いま、ここ」における生活史聞き取りによって明らかにしようとする。

彼らが生活史聞き取りで出会うのは、たとえば、原爆投下直前や直後についての語り、生死をさまよったのち、一命を取りとめた後の人生についての語りであり、「あのとき、あそこ」を生きた人びとの語りである。その意味を「いま、ここ」で捉え直し、描きだすのは、非常に難しいことだろう。

被災者たちの「遭《お》うたもんにしかわからない」という言葉に象徴されるように、原爆体験や被災体験など、私たちの想像を超えた悲惨や不条理は、言葉で語りつくすことはできないのかもしれない。

ただ、他方で端的な事実がある。こうした体験者による語りを通してこそ、私たちは「先人たちの世界」に出会い、それを継承することができるという事実だ。とすれば、「先人たちの世界」と私たちが、生き生きとしたかたちで出会うためには、そうした語りに対して、どのような場所から、どのような姿勢で、語りの奥底からあふれでてくる何かと向き合い、明確なかたちをとった意味として解釈するか、ということがとても重要になる。

もし、その解釈の作法が、決まりきったものとして硬直してしまうと、「いま、ここ」を生きる私たちにとって、「先人たちの世界」はより〝わかりやすいもの〟として立ち現われるかもしれない。典型的で硬直した解釈の作法に準拠すれば、「あぁ、むかしはこんなだったんだ」と理解するのも楽だろう。

しかし、こうした硬直した解釈の作法が世間に流通すればするほど、「先人たちの世界」がもつ、いまだはっきりしたかたちにはなっていないが、しっかりと息づいている豊穣なる意味に近づける可能性が、確実に奪われてしまうのである。

かつて『ALWAYS　三丁目の夕日』（山崎貴監督、二〇〇五年）という映画が話題になった。昭和三三年、まだ東京タワーが建設途上にあったときの、東京の下町にある町工場を舞台にした物語である。当時の街並みや走り去る車、道具、生活の様子などが、映像技術によって〝当時のまま〟に再現され、懐かしい昭和の風景がスクリーンに映しだされた。

しかし、私はこの映画を見て違和感を覚えた。確かにこんな感じだったかもしれない。でも、当時子どもの私が生きていた日常は、映像で見せられる〝当時〟ではなかったという実感がどうしても湧いてくるのだ。

なぜだろうか。

その理由は明快だ。昭和三〇年代をよりくっきりと浮かび上がらせるために、当時の郷愁を観客に呼びおこさせる、〝典型〟というか〝らしい何か〟をできる限り一カ所に集め、〝過剰に〟再現した映像だからだ。「確かにこんな感じだったよね、でもどこか〝らしすぎる〟よな」と、私は直感してしまったのである。

しかし、当時を実際に生きていない多くの世代にとっては、昔はこうだったに違いないという決めつけの解釈に響き合う映像であり、ノスタルジーとしての昭和の情景の再現だったのだ。昭和を生きていない世代にとって、先人たちが生きてきた世界は、自分が知らない典型的な過去として、より鮮やかに理解できれば十分なものなのだろう。だからこそ多くの人たちは、この映画を見て昭和三〇年代をイメージできたのかもしれない。

現在を準拠として、「先人たちの世界」を解釈し、当時の人びとはこのように生きてきたと語ったり、その世界を批判したりする営みは、やはり当時を「いま、ここ」として生きていた人びとが心の底にしまいこんでいる意味と出会うとき、どうしても、どこかで齟齬《そご》や意味のずれが生じてしまうのだろう。

「彼らの世界」

シュッツに戻ろう。

私と他者との関係性は「先人たちの世界」だけではないし、私はつねに過去を振り返って生きているわけでもない。私は「いま、ここ」でつねに新たに生起する現在のなかで、私以外の人間、つまり他者とともに生きている。

「いま、ここ」を中心として無限に広がっていく現在の世界。そこにはまず、私とあなたの直接的な関係があり、私とあなたがつくる「直接的な現前の世界」がある。さらには普段出会う頻度はそれほどでもないし、その関係性のありようも異なる、より匿名的な彼らも含めた「彼らの世界」がある。この「彼ら」も、私との関係の密度により、濃淡の序列がついている。

たとえば高校時代、毎朝の通学電車にほぼ必ず同じ時間、同じ車両に乗る女子学生がいたとする。私が彼女に特に好意をもっていなければ、その制服や校章を見て「あぁ、○○高校か」と思うだけだ。他にも多く乗っている乗客の一人として以上の意味を見出す必要はなくなり、私は窓の外を流れる決まりきった光景に目を移すだろう。

つまり、その女子学生が私の非常に近い場所に触れ合うか否かの状態で立っていたとしても、「乗客」「女子高生」という類型として了解すれば十分であり、匿名的な「彼ら」以上の存在ではない。

しかし、もし私がその学生に好意をもてば、事情は確実に変わってくる。彼女は「乗客」「女子高生」という匿名的な「彼ら」のなかの一人ではなくなり、彼女がどういう存在かを私は詮索したくなるはずだ。校章を見て「○○高校」の生徒だとわかっただけでは満足せず、「○○高校」と私が通う高校とのつながりをあれこれ考え、その女子学生に語りかけるきっかけを探そうとするかもしれない。毎朝彼女を観察し、彼女も私のことが気になっていないか、何か手がかりを見つけようとするだろう。

つまり、成功するかどうかはともかく、私は、私を含めた「乗客」という「彼らの世界」から、私とその女子学生の存在を際立たせ、私とあなたという「直接的な現前の世界」で交信可能な関係性を模索しようとするのだ。

「同時代人の世界」と「類型的な知」

また、私たちは、自分が死ぬまでに一度も会うことはない、その意味でまったく匿名的な存在が同時代を生きていることも知っている。シュッツはそれを「同時代人の世界」という。

先述の「彼らの世界」を理解しようとするとき、私たちは「類型的な知」「処方箋的な知」を「あたりまえ」のように用いる。

先の女子学生のケースについても、私はなぜその存在を女子学生だと了解できたのか。

それは彼女の外見を見て、私のなかにある類型的な知を瞬時のうちに作動させたからだ。

彼女の制服の着こなしやカバンの厚み――カバンが糸で縛ってあり、ぺちゃんこになっているか否か、体操服などを入れておく袋にどのようなアクセサリーがついているか等、いわゆる「女子学生」に付随した類型的な知や、彼女たちと出会うときにどのように対処すべきかを教えてくれる処方箋的な知を、私は駆使していたのだ。

そして、こうした類型的な知は「同時代人の世界」を理解するうえでも必須だが、そこには、より凝縮されたかたちで知の偏りや決めつけが生きている。

たとえば、丸メガネをかけ、出っ歯で、一眼レフのカメラを首からさげ、キツネ目をして笑っている男性の姿。その背景にはフジヤマが描かれ、芸者姿の女性が立っていたりする。日本人旅行者をからかい、戯画化した典型的な漫画だ。

いまどきそんなものがあるのかと思うかもしれない。しかし、ネット環境が全世界規模に拡大し、正確かつ詳細な情報が瞬時に流通するようになっている現在でも、確実に生きている「典型的な日本人」の姿なのである。

こういう例を持ちだすまでもなく、自分の恥ずかしい思い出を語るだけで、「同時代人の世界」を理解するうえでの問題点が露《あら》わになる。

かつて私のなかにも典型的な「アメリカ人＝白人」イメージがあった。だが、初めてアメリカを訪れたとき、「アメリカ人＝白人」などという均質な現実などないことを実感した。ロサンゼルス国際空港に到着し、空港内のアナウンスが五カ国語で行われていたことに驚き、空港を行きかう人びとの肌の色の多様さに驚いた。英語を話す白い肌の「アメリカ人」ばかりいるはずもない。少し考えてみれば、あたりまえのことなのだが、少なくとも私のなかで、典型的な「アメリカ人」のイメージが生きていたことは確かだった。

何かの機会にその土地を訪れ、そこで暮らしている人びとの現実を垣間《かいま》見ることができれば、こうした典型的なイメージは修正されていくだろう。自分の目や耳など五感を働かせることで、人びとが生きるリアリティを少しは感受できるからだ。しかし多くの場合、そのような機会はまれであり、私たちの日常では、一定の偏りや強調、歪《ゆが》みなどをともなう典型的なイメージをもとにした「同時代人の世界」が息づいている。

そして、こうした歪みや強調、過度に一般化され、戯画化されたイメージは、メディアのニュース報道などで反復され、私たちに微細ではあるが確実な権力として行使されているのだ。

たとえば近くて遠い国である北朝鮮に関するメディアの報道では、どんな内容のニュースであれ、参考映像として金正日や金正恩がこちらを指差し、何かを大声で叫んでいる姿が映しだされる。「この国は、こんな感じですよ」といわんばかりにニュース映像の冒頭に置かれ、私たちがその報道内容をどのように理解すればいいかを方向づけるのだ。

「未来を生きるであろう人びとの世界」

また、私たちは、これまで生きてきた人やいま生きている人とのつながりだけで暮らしているのでもない。つねに「未来を生きるであろう人びとの世界」ともつながっている。

東京電力福島第一原発事故によって、放射線、放射能、放射性物質という「異物」が私たちの日常に闖入《ちんにゅう》してしまった。事故当時は、「今日の放射線量」が天気予報のようにニュース番組で報じられる日常が反復した。最初は真剣に放射線量の被害について考えながら見ていたのに、次第に、明日の天気を見るのと同じような感覚で確認するようになっていく。私は、自らの感覚がしだいにマヒしていく恐ろしさを感じていた。

その一方で、線量計を自ら入手し、公園や学校など身近な場所を測定する母親の姿がメディアで伝えられる。彼女たちは、放射線が子どもにどのように影響するのか、本気で心配している。そして彼女たちの視野には、自分たちの子どもだけでなく、これから生まれてくるであろう子どもたちのことも入っているはずだ。私たちの前には、「未来を生きるであろう人びとの世界」が果てしなく広がっているのである。

原発事故による放射能汚染の問題だけではない。私たちはなぜ、環境問題について考え、その対策に取り組もうとするのか。そこには「未来を生きるであろう人びと」に、地球環境を少しでもいい状態で残すという環境倫理があり、「いま、ここ」を生きる私たちがもつ、未来の「見知らぬ彼ら」への責任感の現われなのである。

「いま、ここ」というゼロ点

私は、過去・現在・未来を生きている他者たちとつねになんらかのつながりを感じ、つながりをつくり、それぞれの次元に対応する多元的・多層的世界との関連性のなかで、日常を生きている。そして、こうした「人びとの世界」と関連する意味を生きている私が立っている原点が、「いま、ここ」という現在なのである。

三次元の空間に加え、時間や歴史性も含めた四次元座標のゼロ点としての「いま、ここ」という現在こそ、私が日常を生きるうえでの原点であり、「日常を生きる」私の姿を、自ら反省・反芻《はんすう》し得る手がかりになる。

「いま、ここ」という現在から、全時間的、全方位的に他者とのつながりを見ることができるという主張は、あたりまえのことと思われるかもしれない。だが、大学院生だった私は、このあたりまえの事実を、きちんと理路整然に説明するシュッツの日常生活世界論の凄《すご》さに興奮したのだ。

「いま、ここ」という現在は、次から次へと新たな現在へと移っていくが、これは、日常生活世界において、私が多様な位相や次元を生きている他者と出会い、つながる、もっとも力に満ちた場であり、私を中心として広がる多元的な生活世界の意味を反省する原点である。

言いかえれば、あなたという他者と向き合い、交信しようとするコミュニケーションのゼロ点でもある。私は「いま、ここ」で、そして「いま、ここ」から、世界へ立ち向かおうとする。同時に、私は「いま、ここ」で他者と出会い、さまざまな現実をつくりだそうと格闘するのである。

私があなたと対面するとき、私はあなたが発する言葉や感情、表情や動作、身体のありようを含め、すべてを感じ取る可能性に満ちている。それは、私があなたへ、同じ可能性を放出していることでもある。こうした、いわば単純な事実こそ、「いま、ここ」で私があなたと充実した意味を創造するための基本なのである。

もちろん、あなたと直接対面したからといって、あなたのすべてが了解できるわけではない。あなたの背後には、「あなたが生きてきた、これから生きるであろう生活世界」が無限に広がっている。それをすべて感じ取り、理解するのは、不可能だろう。

シュッツの日常生活世界論から考えるとき、いや、そのような理論に依拠せず、私という人間が日常生きている実感から考えても、「いま、ここ」で私があなたと出会うこと、向き合うことは、決定的に重要なのである。

では、「いま、ここ」で、私があなたとコミュニケーションすることの重要性とは何だろうか。

それは、あなたのすべてがわかるということではない。そうではなく、それは、目の前にいるあなたを理解したいが、あなたのすべてを理解できるはずもないことがわかったうえで、目の前にいるあなたを手がかりとしながら、あなたとつながりたいという、つねに現在進行形の営みである。またそれは、ある手順や段階を踏めば、あなたへの理解が完了するという「終わりのあるゲーム」などではけっしてない。こうしたことを私が実感し、あなたも実感しつつ、「いま、ここ」をどう生きるかということが重要なのではないだろうか。

♪電車で化粧はやめなはれ♪

では、私たちが「あたりまえ」に生きている日常を、どのように見直すことができるのだろうか。

私が普段他者と出会ったり、向き合ったりしている現実は、振り返る必要がない「あたりまえ」のこととして、どのように私の無意識の底へと沈みこんでいるのだろうか。そして、そのこと自体を、私はいかに問い直していけるのだろうか。

かつてつくば市に住んでいたとき、私はつくばエクスプレスを使い、よく秋葉原まで出た。快速で秋葉原まで四五分、その間、車内での人びとの様子をそれとなく観察するのだが、なかなか興味深いものがあった。

電車が動きだすと、ある女性は、大きな四角い鏡を取りだし、メイクを始める。すっぴんの顔にアイシャドウを塗り、電車が細かく揺れるなかで、つけまつげを取りだして上手につけ、カーラーで上向きにしていく。秋葉原に到着するころには、化粧は完成し、女性は何事もなかったかのようにホームへおりていく。何か左官屋さんの壁塗りを、最初から見せられているような錯覚に陥ってしまう。

化粧に没頭している女性からは、私の周りに立ち入らないで、これは私のプライベート空間よ、というオーラのような力を感じる。そして、周囲の人びとも、彼女の化粧に何の関心も示さず、気にもしない。周りに視線をめぐらせることなく、ただスマホの画面に向き合い、スマホというメディアを駆使し、自らの世界に立ち入らないでというオーラを放っている。

他にも目を閉じ、眠っているような人、雑誌や本を読んでいる人、スマホを片手に音楽を聴き、外界と自分を遮断している人、等々――場や空間を他者と共有していながら、他者との交信になんらかのかたちで距離をとっているのだということを周囲に示し、自分のプライベートな世界へ閉じこもろうとする人びとの姿がある。

私たちはこうした光景にもう慣れっこになっていて、とくに驚きはないかもしれない。しかし、日常での他者との出会いやつながりを考えると、やはり驚かざるを得ないのだ。なぜ私たちはこんなふうになってしまっているのだろうかと。

「電車で化粧はやめなはれ」という歌をご存じだろうか。ＮＨＫ・Ｅテレの「０６５５（ゼロロクゴーゴー）」「２３５５（ニーサンゴーゴー）」という一日の始まりと終わりの五分間を知らせる番組で、たまに歌われているものだ。漫才コンビのブラックマヨネーズが女装し、コミカルに踊りながら「電車で化粧はやめなはれ」と歌う。電車で化粧をしていれば、その間延びした表情が周囲に見られるし、かっこ悪いやないか、化粧は家か化粧室でするもので、あと少し早起きしたら自宅で化粧ができるのに、といった内容だ。

最初に歌い踊るブラマヨを見た瞬間、思わずふきだした。ＮＨＫもようやるなぁと、妙に納得したのだ。

電車という移動空間。そこはかつてどのような意味をもっていたのか。私がこれまでの人生で身につけてきた常識的な感覚からいえば、電車の車内は公共の場であり、少なくともそこでやってはいけない行為があったし、またできるだけやらないほうがいい行為もあった。はっきりしているのは、そこはプライベートな空間ではなかったということだ。化粧という営みは、プライベートな空間でなされるべきものであり、電車には、化粧が済んだ――〝公の場に示してもいいという意味に満ちた〟顔や姿の人間が乗るものだ。

しかし、最近の電車での「あたりまえ」な光景を見ていると、「車内」という意味が確実に変容しつつあることがわかる。

「公共的な意味が満ちた空間のはずなのだがなぁ」という私の感覚も、こうした車内の日常的光景に馴《な》らされていくにつれ、微妙に変化していく。

通勤・通学電車の「車内」という空間は、私的空間が隣接して成立している空間ではないが、公共的空間でもなくなってしまったのだろう。すでに公―私、パブリック―プライベートで分けられるものではなくなっているのかもしれない。それは職場や学校という、まさに公共の空間に移動するために通過していく遷移的な意味の空間――公と私のグレーゾーン

――公から私へと意味がグラデーションしていく空間なのだろうか。

他者を理解するというリスク

「電車で化粧をすること」の是非など、大したことではないかもしれない。ある学生のレポートでは、「別に他の乗客の邪魔をしているわけでもないし、迷惑でもない、むしろ揺れる車内で見事に化粧するその技に驚く」と書かれていた。「酔っ払って他の乗客にからんだりする中年男性のほうがよほど車内の秩序を乱している」とも。

なるほど、その通りだ、と思う。

ただ私がここで問題にしたいのは、迷惑の中身ではない。車内という空間で、人びとが互いの行為や所作を、いかにして「見ないこと」「気づかないこと」として振る舞い、互いの関係性の間に、緩衝材とでもいえる「距離」を保持しているのかという現実である。

端的にいえば、車内では、たまたま乗り合わせた他者を理解する必要はないし、理解しようとする営みを過剰に見せれば、逆にそれが「例外」で「異常」だと見なされるだろう。

普段、私たちは見知らぬ他者とまっすぐ向き合う必要はないし、他者をトータルに理解する必要もない。なぜならそうした他者理解には、さまざまなリスクがともなうからだ。

他者を理解するというリスクとはなんだろうか。

それは、私がこれまで生きるなかで貯めてきた「経験知（値）」が守備できる範囲を軽々と超えた意味世界を生きている、他者としてのあなたや彼らとの出会いがもたらす衝撃である。

先に説明したシュッツも述べているように、私たちは多くの場合、他者とそんなに深く出会う必要もないし、関わる必要もない。とりあえずその場をやりすごすことができる程度の意味が詰まっている「類型」として、目の前の他者に向き合えば十分だろう。

しかし、私たちは往々にして、こうした粗い意味をまとった類型としてではなく、もっと意味が満ち、その意味が目の前の存在を超えて果てしなく広がっているような他者と出会ってしまう。このようなとき、粗い意味をまとった類型やこれまで獲得してきた「経験知（値）」は、何の役にも立たない。

そのとき、私は他者にどのように向き合えばいいのだろうか。

たとえば、その他者とは、何かの社会問題に苦悩し、克服しようと生きている存在であったり、明らかな「〇〇問題」を生きていないにしても、拒食や過食といった、本人に由来することのない問題経験といえるような「生きづらさ」と葛藤している存在であったりする。

そのとき、私は、その他者をどのように理解しようとすればいいのだろうか。

純粋なつながり

世間では、不治の病を生きる相手との純愛ストーリーが何度もかたちを変えて享受されているように、純粋で透明なかたちの出会いやつながりこそ、美しくすばらしいものだという価値観が流布《るふ》されている。他者とつながるには、その異質性を超越する「純粋さ」が必要なのだというメッセージである。

このメッセージは、なかなか否定しがたい力をもつ。

しかしはたして、そのような「純粋な」つながりだけが、異質な他者を理解するというリスクを乗り越えるために必要な、唯一の手がかりであり、力なのだろうか。

私はそうは思わない。確かに「純粋さ」は美しく、ときに力強いものだろう。しかし私たちは日常において、自らのすべてを剥《む》きだしにして、相手に向かうのではない。私たちはすでにさまざまなかたちや方法で、自らが何者であるか、どのような問題を生きているのか、いかなる「生きづらさ」に向き合っているのかなど、自分の生きる姿を考える「術《すべ》」をもっているし、他者とどのように向き合えばいいかの「処方」ももっている。

私たちは、こうした「術」や「処方」を駆使しつつ生きている他者と出会い、他者を理解しようとする。とすれば、いきなり「純粋さ」で相手と対峙《たいじ》するなど、容易なことではない。いわば何重にもなっている他者の殻を一枚一枚はがしながら、その異質さと少しずつ出会っていくという、けっこう時間のかかるリスクが、私の前に開けてくるはずだ。とすれば、相手の「術」や「処方」を克明に見つめ、それが私に与える影響や力をよく了解しながら、他者がもつ異質さへと接近していくという、地道かつ細やかな営みが求められる。

それがリスクに対処するということであり、この営みを重ねる過程で、異質な他者とより現実的で豊かな関係性を築ける可能性が開けてくるのではないだろうか。

そして、異質な他者と出会い、向き合い、彼らを理解するというリスクが立ち現われてくる場こそ、私たちが粗い意味をまとった類型的知を駆使し、多くの場合、他者と適当な距離をとりながら関係を維持しつつ「あたりまえ」に生きている日常生活世界なのである。

まとめておこう。

いまの世の中で、他者を理解したい、他者とより充実したかたちでつながりたいという欲望は、ヴァーチャルな世界が私たちの日常を確実に侵犯し、圧倒的に支配しているとしても、やはり私たちにとって、より意味に満ちた人生を生き、死んでいくうえで、基本中の基本である。

そして、異質な他者との出会いは、ヴァーチャルな世界や、そこから広がった情報があふれ返る日常という場で生起するが、他者を理解しようとする営みは、私をリスクに満ちた谷へと突き落とす危険性が多々ある。

では、リスクを極力回避するためには、「仲間」ウチへと内閉してしまえばいいのだろうか。それとも、相互に傷つかないような「粘度」の高い「空気」を満たして〝優しく〟生きればいいのだろうか。しかし、そうした日常は「他者とつながれそうでつながれない」地獄であり、できればそこから脱出したいと思うだろう。

そのとき、やはり顧みるべき原点は、私が〝生きて在る〟「いま、ここ」であり、「いま、ここ」から他者へと向き合う私の「術」「処方」「方法」「実践知」であり、「経験知」なのである。

私が、目の前の存在としてだけでなく、その背後に果てしなく広がる地平と歴史をともなう全き存在としてのあなたと直接出会えるのは、まさに「いま、ここ」である。そこで、あなたとどのように出会えているのか、あるいは出会えていないのかをじっくり見直すべきではないだろうか。

そして、私とあなたが出会える可能性が遍在する場――それは、私が普段さまざまな「方法」を駆使して「あたりまえ」に生きている日常という生活世界である。

他者とつながり、他者を理解できる可能性、既存の日常を超えるきっかけや手がかりと出会えるのは、まさに私とあなたが直接出会える「いま、ここ」がゼロ点として広がっている日常という生活世界なのである。

さて、日常性を見直そうとするとき、基本となる視点がある。

それは、日常に従順な私か、日常にはむかおうとする私か、ということだ。このあと語っていくように、日常にはさまざまなかたちで微細な力が充満し、私たちは、いわばその力の行使のあいだで、息をつぎながら生きている。日常性がもつ、私たちを支配する圧倒的な力。そして、その力が行使されていること自体を自覚できていない「あたりまえ」がもってしまっている問題性を、具体的な現実に分け入りながら、詳細かつ反省的に考察していく必要がある。

では、日常性を、どのように詳細に観察し、調べ、反省的に考察していけるのか。さらに考えていくことにしたい。

第2章　フィールドワークをすること

できる限り自分を「あけておく」こと

フィールドワークという言葉がある。社会学では現地調査、野外調査と言ったりするが、基本は、何かを調べたい人が調べたい場所に出かけ、調べたい現実に入りこんだり、現実を観察したり、調べたい人から詳しく話を聞き取ったりする営みのことだ。

私の大学院時代、指導をしてくれた先生は「社会学者は野良仕事をしなければならない」と口癖のように言っていた。先生自身は調査に動く研究者ではなく、どちらかといえば理論志向だったので、現場に出て調査することへのあこがれや思いこみから、フィールドワークを〝野良仕事〟と語っていたのだろう。

いずれにせよ、社会学は世の中をなんらかの方法で調べ、その結果をもとに研究する営みだと私は考えている。もちろん、調べ方は多様で、その対象となる現実や問題に合わせなければならないし、これが一番という方法はない。

フィールドワークというと、人類学を連想する人も多いだろう。現に、人類学のテキストには、必ずフィールドワークという言葉が登場する。人類学誕生の経緯を考えれば、それは当然といえるかもしれない。たとえばイギリスが世界中に植民地を増やし、帝国として繁栄していた時代、多くの異なる民族を統治支配するために、それぞれの土地で暮らす人びとの生活や文化を知る必要があった。結果的にはキリスト教や西欧文化が地元の宗教や文化を破壊していったが、その過程でさまざまな未開の地を調べる知的実践として、人類学がかたちを整えていったのだ。

研究者が、ある土地へ出かけ、土地の人と同じように暮らすために、土地の言語や習慣を学ぶ。土地の人からすれば、研究者はまったくのよそ者という立場から、自分たちと言語や文化を共有し、それらを脅かす危険性のない知り合いのよそ者へと変貌していくのだろう。

研究者は、異なる言語や文化をもつ人びとが生活する場所へ出かけ、まずそれを学び、そのうえで、彼らが生きている文化や生活の特徴や問題などを論じる。

そのとき、すでに人類学のなかで議論されてきているように、フィールドワーカー自身の位置や立場性が問題となる。また、フィールドワーカー自身がそれまでに生きてきた文化や生活をめぐる価値や規範などと、調べている対象が、相互にどのように関連しているのかということも大きな問題となる。

つまり、人類学にせよ社会学にせよ、他者が生きている現実を調べようとするとき、客観的な調査方法を守りさえすれば、科学的な研究が可能だという信奉は、すでに明らかな幻想だということである。

調査研究する者が、自らが生活者として生きてきた歴史や、そこで使ってきた自明なるもの（常識的な知識や、さまざまな思いこみや決めつけをめぐる価値など）からまったく影響を受けないことはあり得ないし、自らの存在をあたかも透明人間のように消し去って、他者への影響が一切ないように、現実に入りこむことなどできはしない。

フィールドワークする者にとって、自らの存在を透明にできるような普遍的な方法などない。だから、自らの存在と調べようとする現実との関係性や相互の影響のありようを、研究の実践のなかで反省的に捉え返していく作業は、必須であり、基本なのである。


こうした課題に関連し、フィールドワークにとって必須の要件がある。それは「つねに自分をできる限りオープンにしておくこと」だ。

目の前に展開する出来事、あるいは人びととの語りで感じ取る新たな何かなど、未知なるものに対して、フィールドワークする私を、つねに「あけておく」必要があるのだ。

もちろん、これまで従って生きてきた規範や大切だと思う価値からすれば、簡単に理解したり、承認したりすることができないような出来事もあるだろう。普段であれば、それは、

「理解する必要のないもの」として、その時点で関係を断ったり、距離をとったりできるはずだ。しかし、フィールドワークには、そうした〃常識的対応〃はなじまないのである。

たとえば、ネットワーク組織論者である金子郁容は、かつてボランティアとは何かを論じ、その本質を「つねに自分の窓をあけておくこと」だと述べている（金子郁容『ボランティア——もうひとつの情報社会』岩波新書、一九九二年）。ただ誰かのためになりたい、貢献したいというだけでは、ボランティアは続かない。ボランティアをすることで、私が新たに何を得ることができるのかが大事だというのだ。

つまり、ボランティアは無償の貢献ではあるが、同時にそれを実践する私にとっても確実にプラスになり、よりよく生きていくうえでさまざまな寄与があるのだ。その意味で、ボランティアは他人《ひと》のためではなく、自分のために行うとも言いかえられる。

私をつねに「あけておく」ことで、新たな、異なる空気が流れこんでくる。どんな空気かはわからない。新鮮で驚きに満ちたものかもしれないし、淀んで濁ったどうしようもないものかもしれない。しかしいずれにせよ、その空気を自分のなかにとりこみ、その意味を考えることを通して、私自身がさまざまなかたちに変容する可能性が広がっていくのである。

私をつねに「あけておく」ことは、私にとって新鮮で驚きに満ちたことだろう。しかしそれは同時に、つねに未知の出来事に遭遇し、どうすべきかを悩み考えるというリスクを引きうけることでもあるのだ。

フィールドワークをすることは、ボランティアをすることではない。しかしフィールドワークは単に何かを調べることではなく、調べている私が、つねに変容し得る可能性をもつ営みなのである。

「人びとの智恵」に出会い、驚き、その分厚さを記述すること

ところで、私たちは何を求め、何と出会いたいと思い、フィールドに出るのだろうか。

社会調査の決まりきった見方では、ある社会問題をめぐる仮説があり、その仮説を検証するために調査をするということになる。検証のために、精緻に設計された計量的手法で質問紙調査を行えば、確かめたいことに関連するデータは得られるだろう。まさに〃確かめるための〃調査が実施できるわけである。

しかし、ある人が生きてきた歴史や生活をその人から聞き取るという、生活史の「聞き取り」や、調査する者自身が調べたい現実に入りこみ、そこで〃生きられている〃人びとの現実を詳細に観察する「参与観察」など、いわゆる質的な調査では、フィールドにおいて、私

たちが確かめたいと考える仮説より、はるかに豊穣な意味に満ちた現実に出会うことになる。

そこで暮らしている人びとの姿を詳細に見つめ、生活や文化をめぐる語りにしっかり耳を傾けるならば、自分がそれまで考え、想像していた人びとの暮らしや、彼らが生きているさまざまな問題に対する解釈が、いかに平板で限定されたものであるのかが実感されるのだ。

その場に出かけ、人びとの暮らしや、人びとがさまざまな問題を生きる状況を参与観察したり、多様な人びとから暮らしをめぐる聞き取りをしたりすると、「人びとの智恵」としか言いようのないもの――そこで〝生きられた〟、人びとの日常をしっかり意味づけている暮らしの技法や人間関係をめぐる作法、共同体の秩序を維持するために必要な規範や価値、方法などに出会える。

言いかえれば、調査研究する私がそれまでに考えていたことを軽やかに超えていくような〝生きられた知〟と出会うことこそ、フィールドワークの醍醐味なのである。

若いころ、差別問題研究をめざしていた私は、他の先生の後にくっついて被差別部落の生活史の聞き取りをしていた。そこでも数多くの〝生きられた知〟と出会い、人が生きていくことの深さを垣間見てきた。

たとえば、中国地方のある被差別部落には、その場所固有のアユ漁の技法がある。かまぼこ板くらいの大きさの薄い板きれを並べて結んだ一本の綱を、二艘の舟の間に渡し、川面をゆっくりと引いていく。アユは、板きれが川面でたてるパシャパシャという音に驚き、音がしない方向へ逃げていく。そこに網を仕掛け、アユを獲るのだ。

音をたて、アユを追いたてて獲るという漁法。私も体験させてもらったが、なかなかうまくいかず、難しいものだった。

そうやってアユを効率よく獲る工夫もおもしろいが、そのとき印象に残ったのは、ムラの相互扶助とでもいえる仕組みについての語りだった。当然のことながら、ムラうちでも、漁が上手な人とそうでない人がいて、同じ時間やエネルギーをかけても獲れる量が違ってくる。しかしムラでは、獲れたアユを均等に配分していたという。

私は、厳しい暮らしのなかでみなが生きていけるための生活の智恵として感じ入り、聞いていた。

また、関西地方で聞き取りをしたときには、行商をめぐる語りを聞いたことがある。男たちはかなり遠くまで行商に出かけ、女たちは自分のムラの近辺を回ったという。

遠くに行く男たちは、現地の鉄道の駅にまとめて荷物を送り、そこで荷物を分けて周辺のムラを回る。遠くから来たというと、「まぁ遠いところから来たんやな」などと話がはずみ、ものが売れたそうだ。

さらに、地元の〝親切な〟人は、わざわざ「あそこは行かんほうがいいよ」と助言してくれたという。男たちは〝親切な助言〟に礼を言い、その場を離れると、必ず「行かんほうがいい」ところへ行き、ものを売ったそうだ。

「行かんほうがいい」と言われたのは、その土地で差別されている地域だった。だが、男たちはその地域に出かけ、「実はおれたちのムラもあんたたちと同じで」と語り、その地域の人びととの関係を深め、より多くのものが売れたという。

自分のムラの近辺を回る行商をしていた女たちからは、露骨な差別をめぐる語りを聞いた。彼女たちが売る品物は買うが、代金やおつりのやりとりでは直接手を使わず、ザルを使う人がいたという。いつごろの話なのか、正確にはわからなかったが、私はその語りを聞き、それまで本で読んでいたような典型的な差別が実際にあったことに驚いた。そして、そうした差別の恣意性《しいせい》というか、いい加減さも改めて実感することができた。本当にその人と触れるのが嫌なら、ものを買わないはずだ。しかし生活に必要なので買うが、金はけがれているからという恣意的な思いこみで、ザルでやりとりする。なんというでたらめさだろうか。

『忘れられた日本人』という名著

ところで、フィールドワークは、何も人類学の専売特許ではない。人びとの生活習慣や民俗を調べる民俗学においても、すばらしい仕事が数多く蓄積されている。

たとえば、宮本常一という巨人がいた。

彼は日本各地、とくに離島など辺境の地で生きる名もなき人びとから、その暮らしぶりや言い伝え、生活文化、習慣などを詳しく聞き取った。また彼は、人びとの日常の暮らしやその土地の光景にカメラを向け、膨大な数の写真を残している。宮本が歩いたところを、日本地図上で赤ペンでたどると、地図が真っ赤になったという。自らの足で歩き、人びとの語りに耳を傾け、自らの直感でその場そのときの光景をフィルムに写し撮っていった宮本。数多くの著作を残したが、いまなお彼の著作集は完結していない。

その宮本には、『忘れられた日本人』（岩波文庫、一九八四年）という傑作がある。私は、大学の「文化社会学」や「現代社会論」の講義ではまずこの本をとりあげ、そこに描きこまれている日本人の姿や人びとのコミュニケーションのありよう、古老たちが語る自らの生活史の奥深さとおもしろさを学生に語り、絶対に読むことを薦める。

対馬で体験した村の寄り合いの様子、そこでの意思決定のありよう、セクシュアルな内容がふんだんに語られる「女の世間」、盲目の老人が若いころからの女性遍歴を語り尽くす「土佐源氏」、「意外なほどその若い時代に、奔放な旅をした経験をもった」世間師と呼ばれる人の話など、いずれも興味深いものばかりだ。

なかでも私がもっとも感動したのは、「子供をさがす」という文庫本でたった五ページの短い文章だ。

母に叱られ、プイと家を出ていった子が夕飯時になっても帰ってこない。祖母は心配し、村中で子どもを捜す騒動となる。実は子どもは家の近くの物陰に隠れており、いねむりをしているうちに騒動になり、出るに出られなくなってしまったのだ。そのうち父親が仕事から帰宅するのにあわせて子も姿を現わし、村人は安心して帰っていく。

これだけの話なのだが、この短い文章のなかに、宮本の社会学的なセンスとでもいえるものが詰まっているのだ。

村の警防団は、あらかじめ調整することなく、各自がそれぞれの場所を捜索した。そこには宮本が「村の意志」と呼ぶ共同体的な紐帯《ちゅうたい》が、見事に体現されている。他方、その村の出身ではなく、移り住んできた人たちは、通りに集まり、いなくなった子やその家の噂話をしているだけだ。彼らは、村人と日常のつきあいはあるが、こうした非常時には何も動こうとはしない。つまり「村の意志」を体現するメンバーではないのだ。

私がもっとも感動したのは、「若い男」に対する宮本の視線だ。

その男も子どもを捜しに出かけたはずなのに、子どもが家に戻ったあとも、帰ってこない。「たぶんどこかへ飲みに行ったのだろう」「いや山寺まで行ったのだろう」という村人たち。はたして男は山寺まで捜しに行っていた。

「かれはのんべえで、子供たちをいつもどなりつけていたが、子どもに人気があった。かれは子どもがいなくなったときいて、子どもの一ばん仲のよい友だちのいる山寺までさがしにいったのである。そこは一番さびしく不便な山の中であった」(宮本、一九八四、一〇四頁)。

「若い男」――彼は普段から酒を飲み、おそらく決まった仕事にはついていないだろう。いつも子どもを叱り、子どもの日常とつながっている。村の日常的秩序から考えれば、少し逸脱した存在だろう。その彼が、子どもがいなくなるという村にとっての大事件、緊急時にとった行動は何だったのか。

子どものことをよく知る男は、おそらく一番心配し、他の村人が捜そうとはしなかった「一番さびしく不便な山の中」にある山寺まで捜しに行ったのだ。宮本が「村の意志」と呼ぶものを、逸脱した存在である男が、もっとも鮮明に体現していたのである。いやむしろ、逸脱した存在も含めて「村の意志」は見事に〝生きられていた〟というべきだろう。

短い文章のなかに、共同体的秩序をめぐり、村の住人たちが示す作法や実践的な知が描きだされており、見事な事例研究になっている。

他の文章も同様だが、宮本が、いかに人びとの生活を、そこで暮らしている人びとと同じところにあるまなざしから捉えようとしたか、さらに、それを性急かつ簡単に普遍的な体系という枠で整理するのではなく、いかに「人びとの智恵」がそこにあり、いかに人びとがそれによって充実して生きているのかを記述しようとしたのかが、よくわかるのである。

宮本の仕事には、「文字をもたない」名もなき人びとの生活文化を見つめる視線が凝縮されている。それは鋭い視線であり、その視線が貫徹されているからこそ、宮本独自のわかりやすく、意味が満ちた、やさしい表現や記述が生まれ得たのだろう。私もこのような文体で執筆できれば、とつねに感じ入っている。

柳田民俗学との違い

ただ、同時に次のような疑問が湧いてくる。

宮本は、人びとの生活文化や習俗などを聞き取り、記述するための独自の方法をもっていたのだろうか、という問いだ。この問いに対して、気鋭の民俗学者である島村恭則がある答えを出している。

島村は、宮本常一の著作を丁寧に読みおこし、宮本自身がめざした民俗学をめぐる説明を詳細に検討する作業を通して、ある解釈を示した（『〃生きる方法〃の民俗誌――朝鮮系住民集住地域の民俗学的研究』（関西学院大学研究叢書、二〇一〇年）。

それは柳田民俗学が求めたような、日常生活から民俗的事象を取りだし、整理して、民俗のありようを語ることではない。また、柳田民俗学が提唱した民俗採集の方法を遵守するものでもない。なぜなら、民俗的事象とは、それが生きている人びとの暮らしの現実から切り離されて存在するものではないからだ。とすれば、民俗学が探究すべきものは、民俗的事象の採集・整理・陳列ではなく、まさに民俗がそこで意味をもち、人びとによって〃生きられている〃日常を注視することであり、人びとの「生き方」を具体的に記述する「生活誌」である（島村、二〇一〇、二二-三一頁）。

なるほどと思う。

宮本にとって、日本各地で語られている同じようなかたちをもつ昔話は、それが地域を超えた一定の理屈が働いた結果であり、その証《あかし》だから重要なのではなかった。その昔話がそこで暮らしている人びとの日常や現在にとってどのような意味や意義があるのか、あるいはどのようにそこへ伝わっていったのかというダイナミックなプロセスが重要だったのだろう。だからこそ、宮本が人びとの「生き方」をまなざす視線は、優れて社会学的にならざるを得ないのだろう。

フィールドワークの可能性と困難について

さて、私たちも宮本のような優れたフィールドワークをしたいと思う。ただ、そんなに簡単にできるものではないことも容易に想像できる。

最近、社会学のみならず関連する学においても、フィールドワークの技法や手法を平易に解説した本が多く出ている。私が『「あたりまえ」を疑う社会学――質的調査のセンス』（光文社新書、二〇〇六年）を書いたころに比べても、かなり数が増えているだろう。しかし当然ながら、そのすべてがおもしろいとは限らない。

ここで一冊、すぐに宮本のようなフィールドワークはできないとしても、フィールドワークの可能性や困難をいろいろと考えることができる優れた案内の書を紹介しよう。

菅原和孝編『フィールドワークへの挑戦――〈実践〉人類学入門』（世界思想社、二〇〇六年）という本だ。編者の菅原さんは『もし、みんながブッシュマンだったら』（福音館書店、一九九九年）という優しく優れた本を書いている研究者だが、この本にも菅原さんの〝生きられた研究〟をめぐるセンスが充満している。

彼は長年、勤務先の京都大学で人類学演習を行ってきた。毎年、その演習を受講した学生が、個別の関心からフィールドワーク作品を提出する。この本は、そこで蓄積されてきた学生の作品を詳細に読み解くことから、人類学フィールドワークの意味やありよう、フィールドワークに必要なセンスやこだわりを語る優れた入門書だ。

フィールドワークを志向するとき、私たちは何を気にすればいいのか。

「他者のまなざし」「好奇心」「わかりたい」「うってでる」「待ちの姿勢」「ともに体験する」『異人』と『周縁』」「身体」「間身体性」「苦境」「権力」「表象の脈絡」「直接経験」「他者の存在感」「かけがえのなさ」――。

難解な言葉もあるが、いずれも熱く、そして冷静にフィールドワークをする手がかりとして、菅原があげた言葉だ。それぞれが思いっきり味わい深い。

人類学に限らず、社会学などの関連分野で「世の中の出来事や人のありよう、ものやことのありようを詳細に調べる」学を志向する人は必読だ。フィールドワークは「招待される」ものではなく、「挑戦」する営みなのである。

前半は「他者と出会う」「社会とその周縁」「コミュニケーションの内と外」「信じることの手ざわり」『外国人／異文化』との遭遇」をテーマに、編者が関連する学生の作品に入りこみ、ときに評価し、ときにその中途半端さ、対象への立ち位置のいい加減さなどを容赦なく批判しながら、調べることのおもしろさが語られていく。

後半は個別作品をじっくり味わえるようになっている。

調べる技法や手法、調査方法に関して客観的・科学的な装いをまとって説明する、おもしろくもなんともない無味乾燥な調査論テキストが相変わらず氾濫するなか、この本のように調査する〈実践〉から離れることなく、〈実践〉する調査者の「生き方」までも問い直す手がかりが詰まった入門書は本当に貴重だ。

個別の作品内容について、簡単に紹介しよう。

京都に息づく〈振売り〉という野菜行商がある。行商の実態を詳細に調べあげ、そこに「息づいている」人びととの信頼関係や食のありよう、野菜流通システムを論述する。その見事さと深さに驚く。

大津の里山にある伝統的棚田を〈守《も》り〉する人びとと出会う。〈守り〉という言葉に凝縮された、人びとの実際の労苦と忍耐を描きだし、景観美を観念的に賞賛するまなざしを批判する論述。その熱さにうれしくなる。

私たちの日常にある「肉を食らうこと」と「屠畜すること」の乖離《かいり》。「生きものを屠《ほふ》って肉を食べる」思想や文化を求めて沖縄へ出かけ、豊穣な豚肉食文化と出会う。その丹念な記述と深い考察に首肯する。

自らの摂食障害を見つめ、当事者性を抱えつつ「摂食障害に立ち向かう」人びとの自助グループに入り、そこで当事者の経験を語り聞くことの意味を、その談話から詳細に分析しようとする。経験を語り聞くという営みがいかに人間を救うのか。その力を具体的に例証しようとする論述に思わず入りこむ。

銭湯で人びとはどのように行動し、関係をつくるのか。実際に銭湯に入り続け、常連客の行動観察から「裸体の社交空間」を描きだす。人間の社交儀礼を詳細に観察し、そこでの秩序を明らかにした社会学者ゴフマン顔負けの恐るべき観察力に驚嘆する。「焼き畑」や「去勢牛」など、いわゆる文化人類学的な対象に関心を示さず、「エチオピアのビデオ小屋」に通いつめた学生。そこでは、誰がどのように、どのようなフィルムを見ているのか。地元の青年たちの映画の選択や解釈に、その場所固有の文化や価値が反映されている。ビデオ小屋における、現地語習得の師となった青年たちと学生との友情や信頼をめぐる語りに、想いの厚さを実感する。

日常を〝異なるもの〟としてまなざす

人類学、民俗学、そして社会学では、これまでさまざまなフィールドワークが実践されてきていることは事実だ。本書の最後（補論2）で紹介するように、優れたテキストが編纂《へんさん》されているし、個別の文化や社会問題をめぐる優れたフィールドワークの成果が生まれている。

ただ、私が本書を通して考えたいのは、「日常性のフィールドワーク」という営みである。

かつて人類学者が時間をかけ、苦労して未開の土地に出かけ、そこで暮らす人びとの生活や文化を調べ、研究成果とした。おそらく当時は、未開の場所を見つけ、そこに行って調べるというだけで、意味ある営みと考えられていたのだろう。

しかし、もうずいぶん前から、こうした未開の土地を調べるフィールドワークは、それだけでは成立しなくなっていると思う。世界中どこへでもタレントやアイドルが出かけ、一定期間そこで暮らし、土地の人びとと関係をつくり、感動的な別れの場面が演出されるテレビ番組が量産されている。〝未開や未知を垣間見る、のぞき見る〟楽しみを、私たちは普段から享受できてしまっているのだ。外国の異文化や生活を紹介する旅番組では飽き足らず、「行ってみたらホントはこんなところだった」ことを伝えようとするバラエティ番組までつくられている。

もちろん、こうした娯楽を旨とするテレビ番組制作と人類学的フィールドワークを同じ次元で考えるつもりはない。ただ地球上で、人類学者が新たに固有のフィールドを見出すことは、かなり困難になっていることは確かだろう。

いま地球上から、未開の世界がなくなっている——。象徴的には、この言葉は妥当かもしれない。しかし本当に、そう言いきることはできるだろうか。

先にあげた菅原のテキストでは、学生たちの多くは、京都という街——彼らが普段暮らしている生活世界に準拠しつつ、各自の興味や問題関心に響き合う〝生きられた現実〟を選びだし、そのありようを詳細に調べようとしている。遠く離れた異郷ではない。彼らの日常の場としての京都だ。

そのことから、菅原は学生たちにこう語っているように思えるのだ——人類学的なセンスに満ちたフィールドワークは、いくらでも可能だし、まず自分たちが生きている日常を〝異なるもの〟としてまなざすおもしろさを実感してほしい。日常をそうしたセンスで見直していく力のない人に、海外での人類学などできはしない、と。

そして私も、日常を〝異なるもの〟としてまなざしていく力やセンスこそ、「日常性のフィールドワーク」を構想し、実践していくうえで基本的なものだと考えている。

普段、ほとんど気にすることもなく生きてしまっている日常という生活世界に向き合い、それを変化のないものとしてではなく、つねに揺れ動き、変動し、変質する不安定な部分からなるかたまりとして捉える。

そして、不安定な部分のありようを、どこかそれをからかうかのような余裕をもちながら冷静に見つめ、そこに息づいている多様な現実や問題性を見出し、読み解き、目の前にそれらを反省的にとりだしてくる営みとしてのフィールドワーク——このようにいえるかもしれない。

類型的知、処方箋的知の意味を考え直す

ただし、シュッツが、「類型的知」や「処方箋的知」など、日常生活世界論で端的に示しているように、私たちは、普段の多様な生活の場面では、つねになんらかの類型としての他者と出会い、そうした他者との関係や営みを円滑に進めていくための処方箋的知をほぼ無意識的に使用しつつ、その場その場を支障なく暮らしている。

この意味において、私たちは普段、目の前にいる他者を充実した意味に満ちた存在として改めて認識することもないし、自分をそのようなかたちで他者に提示する必要もない。

また、個別の生活の現実にしても、そこからつねに新たな意味があふれでてくる生き生きとした何かとして、立ち現われてくるわけでもないし、個別の現実に対して、つねに全身全霊をこめてまっすぐに向き合う必要もない。

私たちの日常は、朝から夜までほぼ決まりきったルーティンワークの繰り返しであり、そうした繰り返しのなかで、類型的知や処方箋的知の決まりきった意味を確認しているといえよう。その意味で、新しい何かが起こる可能性や、何かが壊れ変化していくリスクをできるだけ減らそうとする〝退屈した日常〟を生きているといえるのかもしれない。

しかし、本当に私たちは、〝退屈した日常〟〝何も変わろうとしない日常〟を生きざるを得

ないのだろうか。

目の前にこれでもかと用意され提供されてきた類型的知や処方箋的知――さらにいえば、それらを含んだ常識的知にただ安住し、それらを無批判的に使いこなして生きるとすれば、まさに常識的知に囚《とら》われの身となり、〝退屈した日常〟を生きざるを得ないだろう。そうではなく、類型的知や処方箋的知、それ自体をカッコに入れて、いま一度、そこに息づいている意味を考え直すことができないだろうか。

いわば、それらを〝異なるもの〟として、いま一度まなざすことができないだろうか。


生きていくことをめぐり、あらゆる責任が、自己、あるいは自分という一人の人間に帰せられるような現代社会を前にして、「日常性のフィールドワーク」を考えるとき、私はその中心的な探求のテーマとして、私と他者とのつながりのありようを思い浮かべる。

ケータイやスマホなどの高度な情報機器が日常に浸透し、そうした機器がもつ圧倒的な至便さに慣らされ、ネット依存やケータイ依存という言葉までが世の中に流通してしまっている現在、私たちは日常において、他者とどのように出会い、どのようにつながっているのか、また、固有の出会いやつながりから、どのような意味を享受し、どのような力で自らの存在をコントロールされてしまっているのか——これらのことを、まさに〝異なるもの〟としてまなざし、見直す必要があるのではないだろうか。

「日常性のフィールドワーク」——それは日常を生きる私を見直す営みなのである。

では、その営みは、どのようにしたら可能になるのだろうか。さらに考えていきたい。

第3章

「あたりまえ」を疑い、見直すということ

エスノメソドロジーという発想

日常性をフィールドワークするときの基本的な姿勢やものの見方とは、どういうものだろうか。

端的にいえば、それは日常に広く息づいている多様な「あたりまえ」を疑い、見直すことだ。

普段、私たちは、自分がどのような知識を使って生きているのかなど、いちいち振り返ることはしない。朝起きて仕事に出かけ、夜自宅へ戻り、明日の準備をして床に就く——そもそも日常をこのように描くこと自体、「日常とはこういうもの」であり、それは「自明な」ことであるという、思いこみの知に囚われているといえるだろう。

日常のさまざまな場面で、私たちはほぼ意識することなく状況の妥当性を判断し、そこに居合わせている他者と適切な関係や距離を保持しながら生きている。何もしていないように見えるが、私たちはつねに「自明なる」知——他者や多様な現実と自分自身を切り結ぶうえで必要な実践的な知を駆使しつつ、その場その場を切りぬけているともいえるだろう。

たとえば、私が大学に出勤するいつもの電車内での出来事だ。

朝九時を過ぎているので、ラッシュではない。いつものように座れるかなと電車に乗りこんだところ、ジーンズ姿で長髪の若い男性が、シルバーシートに横になって寝入っていた。座席二人分は軽く占拠している。どこで何をしてきたのかわからないが、泥酔しているようではない。徹夜で何かをして眠りこんでいるような感じだ。

私も含め電車に乗りこんだ人びとは、男性から絶妙な距離をとって立ち、彼の様子を見ることもなく見ていた。同じシートの隅に座っていた年配の女性は、彼のことを迷惑そうにちらちら見ていたと思う。

特急乗りかえ駅に着き、多くの乗客が降りて行ったが、若い男性は寝入ったまま。特急を待つ間に、駅員がやってきて若者を抱き起こし、何かを語りかけ、座り直させた。それまでの状況を見ていた周囲の人びとからは、これでとりあえず一件落着といったなんともいえない空気が醸しだされ、それぞれスマホに顔を埋めたり、文庫本や新聞を読みはじめたりと、車内で私的な空間をつくりだしていった。

後から入ってきた乗客は、それまでの状況を知らない。その若い男性の隣に座った年配の男性は、座ってから状況に気づき、しまったと思ったのか、シートに深く座りこむことはせず、少し前のめりになりながら新聞を読みはじめた。

電車が動きだすと、案の定、寝入っている若い男性の頭は、年配の男性のほうへと傾いていく。私は途中の駅で降りたが、おそらくこの状況は、あと一五分ほどで到着する終着駅で解決されたことだろう。

これは電車内でしばしば見られる「困った」情景だろう。ただ、この「困った」情景は、若者がシートで寝入っていたという単独の事実だけでつくられているわけではない。そこに居合わせていた適度な数の乗客それぞれの、若者との距離のとり方や状況への無関与の仕方（私は関係ありませんよというような、見ていながら注目はしないといった視線のありようなど）、さらには駅員の対応やそれを解釈する乗客の意識などが絶妙に絡み合い、状況の「困った」さとでもいえる意味が、その場でつくりあげられ、共有されていくのだ。

エスノメソドロジーという発想がある。

それは、私たちがこうした何気ない日常の場面で、いかなる実践的な知――その状況を適切に判断し、適切に対応するうえで必要な「方法」「処方」としての知――を用いているのかを、具体的な場面に即して詳細に読み解こうとする、社会学のユニークな発想だ。

この発想や日常生活に対する批判的なものの見方については、以前書いた『「あたりまえ」

を疑う社会学』（二〇〇六年）で説明しているので、そちらを読んでもらえるとありがたい。

　同書では、社会学を中心とした、いわゆる質的調査研究の優れた事例を紹介しながら、人びとの日常や、問題状況を生きる生のありようを調べていくうえで、他者や異質な現実と向き合おうとするとき、どのような問題があるか、そして、その問題に対処するうえで、どのような方法や知、さらには〈ひと〉としての余裕が必要であるのかを語り、それらを、質的調査研究をするうえで必要なセンスであると主張した。

　私が質的調査研究をこのように読み解く背後には、エスノメソドロジーという発想が根づいている。もちろん私だけでなく、現在に至るまで、この発想を意識的に用いながら、社会学、教育学、看護学などで優れた研究成果が出されてきている。

　その意味で、エスノメソドロジーという発想は、人間の生きざまや、現実構築のありようを調べる社会学、教育学、看護学などの人間科学にとって、革新的で有効なものの見方であることは確かなのだ。

　ただ、ここで改めて確認しておきたいのは、エスノメソドロジーという発想がユニークなのは、学問研究や調査研究の次元だけではないということだ。

　私たちが普段、他者とともに日常を「生きている」という事実を、「自明なる」知の次元から批判的に眺め、そこにある問題を読み解いていくうえで役に立つ発想であり、現実解読の手法なのである。

エスノメソドロジーは、私自身の日常の暮らし方にも大きな影響を与えている。

私は、大学院でA・シュッツの現象学的社会学や日常生活世界論を学び、経験的研究の発想としてエスノメソドロジーを学び、それをもとにして差別や排除という出来事を研究してきている。ただ、それだけではなく、私が普段、どのように生きたらいいのかを考える際の重要なものの見方として、私の日常に息づいているのである。

「あたりまえ」の執拗さと恣意性

ここでエスノメソドロジーのことを、改めてすべて説明するつもりはないが、日常性のフィールドワークを実践するうえで、私が重要だと考えるエスノメソドロジーの二つの知見と主張を確認しておきたい。

一つは「あたりまえ」の執拗さと恣意性とでもいえる特性であり、もう一つは、私たちはすべて「実践的社会学者（practical sociologists)」であるという主張だ。

まず「あたりまえ」の執拗さと恣意性とは何だろうか。

エスノメソドロジーの始祖であるH・ガーフィンケルは、私たちがいかに「あたりまえ」を維持しているのかを実感させせようとして、学生たちにさまざまな常識違背実験とでもいえる作業を課した。

私も講義でよく話すが、たとえば家で下宿人のようにふるまえという作業がある。出された料理をほめあげ、ご飯のおかわりをするときも「すみませんが、もう一杯いただいていいでしょうか」と低姿勢で茶碗を差しだすといったふるまいをわざとするのだ。

母親は普段と違う子どもの様子に驚き、どこか具合でも悪いのかと心配する。学生が大学で出された課題だと説明すると、母親は「なんとくだらないことをやらせるんだね。そんなことをさせるために大学にやってるんじゃないよ。さっさと食べなさい」と返す。そうして、ほんのわずかな間攪乱された食卓の「日常」が一気に回復し、家族の「あたりまえ」が維持されていく。

ガーフィンケルが学生たちに実感させせたかったのは、何気ない夕食の光景であっても、人びとが何もしないで、「秩序」が淡々としてそこに在るのではないということだ。普段の食卓での学生自身の語りやふるまい、きょうだいや母親、父親などのふるまい――意識せずとも存在する「あたりまえ」の場面の「秩序」は、そこに関与する人びとの発話やふるまいなどを適切に意味づけていく微細だが確かな「方法」的実践によって、つねにつくりあげられているという事実なのである。

そして、なぜそこで、他でもないこの人が、そのように語り、ふるまうのかが気にならず問われなくなるほど、「あたりまえ」は強固になっていく。強固になった「あたりまえ」は、つねに反復されていることが気づかれないほどに安定し、執拗な現実として私たちの「日常」を構成していくのである。

対照構造

他方で、私たちの「あたりまえ」を維持している秩序は、けっして強固で安定したものではなく、つねに崩れ、あるいは変容する現象である。もっといえば、どのような状況でも同じ意味が貫徹した確かなものではなく、つねに変容可能性をもつ「恣意的」な現象なのだ。

たとえば、ドロシー・スミスという研究者は「Kは精神病である（K is mentally ill.）」というタイトルの興味深い論文を書いている（ハロルド・ガーフィンケル、山田富秋・好井裕明・山崎敬一編訳『エスノメソドロジー――社会学的思考の解体』せりか書房、一九八七年）。

そこではKという人物の友人たちが、「Kがどこか精神的におかしい」ことに気づき、それをどのように定義し、お互いを納得させ、周囲に向かって説明するのかをめぐる言語実践のありようが詳細に解読されている。

ドロシー・スミスは、この論文のなかで、その説明のほとんどが対照構造になっていることを明らかにした。

対照構造とは何か。

いくつかのパターンはあるが、とくに難解なものではない。基本は、次のような構造をもつ発話であり言語実践だ。

まず、自分たちが自然で違和感なく行っている日常的な実践を例示し、それに対してKという人物が行う同じような状況での実践が、いかに異質かを並置させるのだ。私たちの行動＝「あたりまえ」↕Kの行動＝「あたりまえでない」「変だ」という構造だ。

この構造をもつ説明には、私たちの行動こそ普通で正常なものであり、それに対してKの行動は異質で異例なものだと解釈しなさいという要請が含まれている。

友人たちは、日常のさまざまな場面での行動について、こうした対照的な説明を積み重ねていき、結果として、「なぜKが自分たちと異質なふるまいをし続けるのだろうか」という問いに対して、「普段の私たちの行動から考えて理解しがたい」「Kは精神的にどこかおかしい」と結論づけていくのである。

こうした対照構造の説明は、ある人物や人びと、ある特定の現実を自らの支配的な日常生活世界から排除していく際に、私たちが思わず用いてしまうものだろう。

ただ、ドロシー・スミスがこの論文で主張したかったのは、排除の仕方ではない。彼女が明らかにしたかったのは、こうした排除の実践がもつ必然的な特徴である「でたらめさ」であり「恣意性」なのだ。

スミスが明らかにしたのは、ある「客観的なリアリティ」(ここでは「Kが精神的にどこかおかしい」という現実)が、あたかも堅固に最初から存在していたかのように、Kの具体的な行動事例を「変則」「異例」として巧妙に、しかも説得的に排除することで「リアリティ」を構成していく、その場その場で行われ、語られる人びとの実践である。

そうした実践は、実際の文脈での多様な変動にも対処しなければならない以上、首尾一貫した論理や普遍的な理屈などなく、必然的に「でたらめ」で「恣意的」な構成原理を採らざるを得ない。つまりこうした「リアリティ構成」の戦略は、それが語られ説明される文脈に徹頭徹尾左右された、その場その場での「協働的」(それを語り合う人や説明を聞く人が、協働しながら説明にどのような意味があるのかを確定していくこと)、「恣意的」な実践なのである。

私は論文にあげられている事例を読み、その主張に納得していた。対照構造の説明の例として、こういうものがあったからだ。

「暑い日に私たちはよく海辺やプールに出かけた。そして私たちは、ただ水につかって日光浴をするぐらいだった。↕ところがKは（プールの端から端まで）三〇回は泳ぐと言い張った」

この説明だけをとりだしても、Kが精神的におかしいことの例証にはならないだろう。ただ私は、大学生のときに経験したある出来事を思いだし、この説明がもつ力を実感していた。

大学生のころ夏に帰省すると、近くの公営プールによく泳ぎに行っていた。あるとき、まさにプールの端から端まで何度も往復しながら泳いでいたとき、プールサイドで日光浴をしているカップルが、私を見ながらこう言っているのが聞こえた。

「見て、あの子、変わってるなぁ、さっきからずっと泳いでばっかりいるで」

私はその声を聞き、一瞬ムッとした。泳いでいてばかりで何があかんねん。プールて泳ぐところやろうがと。しかし他方で、カップルにとって、私が一心に泳ぐ姿は、夏休みの公営プールには「そぐわない」光景だった。その行為は「普通であれば、誰もやらないはず」であり、それをする人物は「どこか変なやつ」だと、語り合いを通して了解していたのだろう。まさにそれは、ある具体的な文脈のなかで、その場その場で場当たり的にある理屈がもちだされ、ある人間や現実が切りだされていく「恣意的な」実践なのである。

私たちはすべて「実践的社会学者」である

次に、私たちはすべて「実践的社会学者（practical sociologists）」だというエスノメソドロジーの主張を考えてみよう。

確かに、社会学という専門的な学は存在するし、それをめぐるさまざまな理論や概念もある。しかし他方で、私たちは日常、多様な場面で「社会学的」に思考・推論し、他者との関係をつくりあげ、多様な現実を維持している。実は専門的な学としての社会学は、そうした私たちが生活場面で実践している「社会学的」思考や推論、それ自体に注目し、読み解いていく必要があるという主張をしているのである。

たとえば、私はいま、大学の社会学科で必修の専門科目として社会学史を通年で教えている。産業革命以降、近代社会が登場するが、その近代社会をどのように認識できるのかという発想から、社会学の巨人である、マックス・ヴェーバー、ゲオルグ・ジンメル、エミール・デュルケムの考えを前期で話している。

私たちは、主観的に思念された意味を生きている。ヴェーバーは、その意味がさまざまなかたちで体現される行為を軸として、社会とは何かを考える。社会にはさまざまな固有の形式があり、社会学という学問はその形式を考えるという独自性をもつと、ジンメルは主張する。孤独や恋愛など人間的な情緒もまた、こうした形式や他者との関係性から考えることができる。

また社会には、個人の心理や感情、他者との相互行為を超えたところで、社会を成り立たせるものがある。それを「構造」と名づけよう。たとえば、社会の「構造」や状態が、常識的には個人心理の現象だと考えられる自殺のかたちに、さまざまな影響を与えていることを、デュルケムは明らかにした。

私たちが暮らす社会のことを考える基本的な発想である「行為」「形式（関係性）」「構造」――これらはすべて近代社会が登場するなかで、社会学の専門家によって語られ、その考えが整備されてきたものだ。

この講義で学生たちに説明し、伝えようとしているのは、社会学という学問の専門概念であり、理論的内容だ。ただ、そういう内容だけだと、学生たちは確実に睡魔に襲われる。

そこで私は、できる限りわかりやすく、彼らにインパクトを与えられるような多様な事例をあげ、概念や理論の含意を説明していく。そうはいっても、ここであげる事例は、単に概念や理論を理解するための補足などではない。むしろ多様な問題や社会的現実を人びとがいかに生きているのかという事実も、同時に伝えたいと思っているのだ。

たとえば、デュルケムの『自殺論』にある「社会本位的自殺」の例として、私は太平洋戦争末期に日本が行った特攻という事実をあげる。

当人の行う行為が、結果として死に至ることがあらかじめ予期されているとき、その行為を自殺と呼ぶ、というデュルケムの自殺の定義からすれば、片道の燃料を積んで戦闘機に乗り、米艦に体当たりしていく特攻は、まさに自殺だ。そして、この特攻という行為は、戦時下という、人びとの心がすべて社会へと収斂《しゅうれん》されていく特別な状況下で起こり得た、まさに「社会本位的」な現象だといえるのだ。

ただ私はこのことを説明するとき、同時に、特攻に向かった青年たちの手紙などを分析した興味深い研究（たとえば保阪正康『「特攻」と日本人』講談社現代新書、二〇〇五年）をあげ、そうした青年すべてが「社会本位的」だったわけではない、という事実を話すのだ。

確かに、デュルケムの考えに沿った説明は、戦争末期、日本という国家が、青年たちを「自殺」へと追いやった全体的な意識状況を了解でき、その意味で優れたものだろう。しかし他方で彼らは、死にいたる無念を語り、母への、家族への深い思いを語り、特攻することの意味を問い直し、それに抗うなど、さまざまな葛藤のなかで生きていた。こうした当事者たちの思いは、それ自体、当時の世の中を考え直すうえで貴重な資料であり、彼ら自身の「社会学的思索」「社会学的語り」なのである。

この社会学史という講義で、私は、社会現象を理解するうえで必要な社会学の専門概念や理論を学生たちに語っているが、同時に、それを例証する雑談のなかで、専門概念や理論の了解からあふれでる人びとの考えや思いがあること、そして、そのなかに「人びとの社会学(folk sociology)」とでも言い得る、私たちが、それぞれの時代や状況を生きている次元や位相で、多様な現象を解釈し理解するために創造する、固有で独自の社会学的な実践や推論があることをまた強調しているのだ。

象徴的な言い方をすれば、こうなるだろう。

私の家族について、社会学の考えを使ってあるかたちの説明ができるかもしれない。でも端的な事実がある。それは、こうした説明が意味をもつ以前に、私が「いま、ここ」で、かみさんや娘、息子といった「他者」とともに、「家族」という現実を創造し、生きているという事実だ。そして、この端的な事実のなかにこそ、さまざまな「人びとの社会学」が息づいている——。

日常性のフィールドワークは、こうした「人びとの社会学」的実践を批判的にまなざそうという営みなのである。

「実践的社会学者」としての己れを見直す

ところで、「実践的社会学者」としての己れを本気で見直そうとすれば、不安定で、不十分で、確定していなくて、いい加減で、といったような言葉に当てはまる自分の姿が、おそらくは見えてくるだろう。そして、〈ひと〉として苦悩し、これまで生きてきた自分の姿や、自分が無意識的に囚われていたさまざまな知識の妥当性などを反省し、それらをどのように変えていけるか、「かつての自分」の姿と格闘せざるを得ないだろう。

社会学の事例研究のなかにも、こうした自分の姿の見つめ直しや、そこで味わわざるを得ない〈ひと〉としての苦悩や格闘の様子を描いた見事な「作品」は、数多くある。

私がそのなかで突出してすばらしいと思っている作品が、鵜飼正樹さんの『大衆演劇への旅――南条まさきの一年二ヵ月』（未來社、一九九四年）だ。

私は『「あたりまえ」を疑う社会学』で、「あるものになる」という章をまるまる使って、この作品が「実践的社会学者」である己れと向き合い、その変容を書きとめていった優れたフィールドワークであることを語った。当時、この作品がもつ意味を、社会学のテキストや参考書は、まだ一度もきちんととりあげていなかったからだ。

京都大学の大学院生だった鵜飼さんは、大衆文化をより深く考えるために、また民衆の生活現場からたちあがる社会学研究をめざし、ある大衆演劇一座に入りこむ。その瞬間から、鵜飼さんのこれまで生きてきた歴史は剥《は》がされ、南条まさきという芸名の駆け出し役者となる。

彼がこれまで「あたりまえ」に生きてきた日常とは、天と地とも異なる日々に驚き、調査どころではなくなってしまう。なんのために自分はここにいるのか、早く大学の世界に戻りたいと、調べる意欲が萎《な》えていく。

そんな気持ちの一方で、自分より少し早く入門したというだけで、若い男を兄さんと呼び、従わねばならない現実に対して苛立《いらだ》ち、鵜飼さん自身も早く演技や踊りを学び、舞台に立ちたいと思うようになる。

大衆演劇の世界を調べようと思って入っただけの自分が、いつしか、そのメンバーとして認められたいと頑張りだす。髪もパンチパーマにし、他の若い座員と夜の街に繰りだして女の子に声をかけて遊ぶ。かつての自分からは考えられない変容だ。鵜飼さんはそのことに驚きつつも、自分がそこで生きている意味を見つけようとするのだ。

自分の演技で初めてお客さんから拍手をもらったときの感動。最初は嫌だと思っていた、BGMの準備など舞台裏の作業が、いかに舞台にとって重要かが次第にわかってくる。

鵜飼さんにも贔屓《ひいき》の女性がつき、彼女とデートをするくだりも本には書かれている。こんなことまで研究書に書くかなと思いつつ、わくわくして読んでいた私を思いだす。

一年二カ月の一座での調査期間が終わり、大学の世界へ戻っていく鵜飼さん。大衆演劇の世界の深さやおもしろさに魅《ひ》かれつつも、自分はそこで一生生きることはできないし、そこで得た何かをもとに、さらに社会学研究を進めたいという気持ちを再確認する。

「お前が高校だけで来とうるんやったら、無理やりにでもひっぱっていくのに」と、鵜飼さんが離れることを惜しむ座長の語り。若い者を役者としても人間としても鍛えてやるという座長の自負が感じられ、私の心にもしっかりと届いたのだ。

鵜飼さんがやったようなフィールドワークには、相当な決心とエネルギーが必要だろう。実際、鵜飼さん自身も、一座に入りこむことを決めるのに、長い間逡巡《しゅんじゅん》したのだという。また、このフィールドワークは社会学の質的研究としても卓抜しており、その意味でも私たちが簡単にまねできるものではないだろう。

「あたりまえ」を疑い、見直すこと

しかし他方で私たちは、さまざまな場面やきっかけ、現実や人びと、そして社会問題と出会い、その「あたりまえ」を疑い、見直すことができるし、自らが感じ、考え、実践している「人びとの社会学」を批判的に捉え返すこともできるだろう。

たとえば最近、ある大学院生の研究報告を聞いたが、その主題はとても興味深いものだった。

それは、女性が髪を喪失することは、当事者にとっていかなる「障害」となるのか、というものだ。病気などが原因で髪を失った女性たちは、いかなる「生きづらさ」を抱え、それに向き合い、対処しながら生きているのか。報告では、院生がそうした経験をもつ複数の人に生活史の聞き取りを行い、その特徴を論じていた。

当事者から得た語りを聞きながら思ったのは、「髪を喪失すること」に対して、それぞれの人がどういう意味を与え、生きてきたのかは、まさに多様だということだ。

ある人は、幼いころから髪がないことが自然で「あたりまえ」であり、小学校のなかごろまで、とくに何も思わず、そのまま生活していたという。その後、学校の友人から、髪がないのはおかしいと言われ、ウィッグをつけるようになった。

また別の人は、身近な親しい人には髪がないことを告げているが、会社や他の場所では、つねにウィッグをつけ、髪がないことを隠している。

いずれにせよ、髪が失われているという事実がもたらす、さまざまな「生きづらさ」について、報告者は、それが彼女たちにとっての「障害」であり、ウィッグをつけることで世間からは見えなくなっても、けっして問題は解消せず、大きな「生きづらさ」をもたらすと議論していた。

院生の報告を聞きながら、私は女性の髪をめぐる圧倒的な「あたりまえ」について思わざるを得なかった。

たとえばシャンプーやリンスのコマーシャルでは、これでもかといわんばかりに光沢を放つ黒髪、金髪の女性が登場し、その髪を豊かになびかせる。この商品を使えば、こんなにも美しく豊かな髪になれるのだと、見る側に訴える。実際、その製品にそうした効用があるかどうかはともかく、豊かな美しい髪は、女性の美しさとは切り離し得ないものだという常識的な信奉が、私たちの「あたりまえ」として改めて確認・強化されていくのだ。

考えてみれば、この強化の力は絶大なものだ。コマーシャルを注視することはないが、その映像の反復の頻度は非常に高く、コマーシャルが流れ、あぁ、言いたいことはわかっているよと思った瞬間、「美しい髪をもつことは女性にとって大事」とでもいえる価値が、意識せずとも確認されてしまう。

もちろん、コマーシャルだけではない。テレビドラマやワイドショーの司会、バラエティ番組に登場する多くの女性は、同じようにきれいな髪をそなえている。

加えて、脱毛や白髪など髪の老化を防ぐ、さまざまな商品や治療法をめぐるコマーシャルもテレビを席巻している。身体が老化してくれば、自然と髪は抜けていくし、色も失われていく。また、別のさまざまな理由から髪を失う人もいるだろう。その事実がいかに当事者にとって大問題であるかを強調し、商品や治療法の効果を見る側に訴えるのだ。

コマーシャルだから仕方がないといえばその通りだが、やはりその背後にある「髪があることが自然であたりまえ。ないことは例外で異常」という常識的知や価値観は、改めて問題だと思うのだ。

こうした「あたりまえ」の知や価値、信奉に囚われていると、私たちは、「髪がない人はいろいろとつらい思いや経験をするだろう。だからこそ自然で優れたウィッグがあればいいし、ウィッグをかぶってしまえば、その人の問題も解消する」という了解へと、すぐに誘われてしまうだろう。

しかし、である。こうした私たちがごく自然に抱《いだ》いてしまっている女性の髪をめぐる「あたりまえ」が、当事者が感じ、経験する「生きづらさ」の背後で、圧倒的な力を行使しているのである。

院生の報告が端的に明らかにしたように、ウィッグをつけることで問題は解決などしないし、ウィッグをつけることで傍目《はため》からは「髪が失われていること」がまったくわからないという事実が、また、さまざまな「生きづらさ」を生みだしているのである。

いったいどのような関係や親密さをもつ他者に、自分の本当の姿のことを話したらいいのだろうか。いまは隠しているけれど、なんらかの拍子にウィッグをつけていることが露見したら、どうすればいいだろうか、等々。

男性は、髪がなくてもそれほど注視されることはない。いまは、スキンヘッドでさまざまな場面で活躍している男性がいるし、髪が失われているからといって、当該の男性の価値が貶《おとし》められることはないだろう。だからこそ、これは圧倒的に女性が巻きこまれる「生きづらさ」であり、世間的にはなかなか見えづらく、気づかれにくい差別や排除の問題なのである。

ところで、女性の美、女性の「普通」と、髪の存在は切り離せないものなのだろうか。これを書きながら、スタートレックの大ファン＝トレッキーである私は、スタートレックの最初の映画『スタートレック　The Motion Picture』を思いだす。そこには、エンタープライズの副艦長が恋をした相手である異星人の女性が登場する。彼女は髪がまったくない、スキンヘッドだが、自分に合う髪飾りをし、おしゃれをして、美しかった。スタートレックというフィクションの世界だからこそ、髪がない彼女の頭や姿を自然なものとして、私は了解していたのだろうか。それとも、私が囚われていた「女性は髪があって自然であたりまえ」という信奉が、その瞬間、相対化されてしまったのだろうか。私は、後者だろうと思うのだ。

女性が髪を喪失することは、当事者にとって「障害」なのか、また、いかなる意味において「障害」なのかについては、院生の今後の研究成果を待ちたいと思う。

しかし、女性は髪があることが自然で望ましい、といった「あたりまえ」を疑い、見直すことは、私たちのジェンダーをめぐる限られた理解の仕方に確実に「風穴」をあけ、より広くしなやかで、しっかりとした理解へと変えていく可能性をもつだろう。

さて、次章から、私自身の経験や興味関心に従いながら、日常性のフィールドワークの可能性をめぐる試行錯誤の旅に出かけることにしたい。

第4章　日常性のフィールドワークをめぐる旅Ⅰ

「リア充」から考える

先日、大学院演習で院生たちが使っている言葉の意味がわからない、ということがあった。

「やっぱり行政や自治体なんかをぼこるには、きちんと調査をしとかないとね」

「いや、あんまり正面からぼこるより、ぼこらないようなかたちで批判したほうがいいのでは」云々《うんぬん》。

彼らのやりとりが意味不明だったので、思わず聞いてしまった。

「あんたらが使ってる『ぼこる』って何なん？　どういう意味？」

院生たちは、へぇ、先生はいったい何を聞いているのだろうと、苦笑しながら教えてくれた。

「先生、〝ぼこる〟とは、〝ぼこぼこにする〟、相手を〝ぼこぼこにする〟という意味ですよ」

「はぁ、そういうことね」

私は、大学院演習の議論のなかに、若い人たちの日常語が生きていることに、何か新鮮な感じを覚えてしまった。

さて、「ぼこる」だけでなく、いまはさまざまな若者たちの「生きた言語」が日常使われている。見出しにあげた「リア充」も代表的な言葉の一つで、彼らのあいだで「あたりまえ」のように使われている。

私が普段使っている語彙《ごい》のなかにこの言葉はなかったし、いまも自分で使うことはない。最初にこの言葉と出会ったときは驚いたが、いまはもう慣れてしまったといっていいだろう。ただ私は、この言葉がもつ特有のリアルさが気になるのだ。

私は、大学で「差別の社会学」を講義し、身の周りの差別や排除について学生にレポートをよく書いてもらう。そのなかで、ある学生は「リア充」という言葉をとりあげ、「リア充」と呼ばれる人への一種の排除のことを書いていた。

最近、「(ネット上ではなく) 現実 (リアル) 生活が充実している者」を指すインターネットスラングの「リア充」という言葉が、私の周りでも浸透してきた。特に最近では無条件で「恋人持ちの者」に限定して使うようになってきたようで、若者どうしの会話ではよく耳にする。「あいつはリア充だからほっとこう」「リア充消えろ」のように使われている。当初は、冷やかしの意味、または羨望の意味、あるいは「リア充」でない者の自虐的意味合いが強かったが、最近では、少なくとも私の属する共同体では、差別的な意味合いがこもっているのではないかと感じ、懸念している。例えば大勢で遊園地に遊びに行く際、メンバーのほとんどが恋人のいない者だったとする。すると、わずかな「リア充」と呼ばれる者は「リア充は来るなよ」といった軽いバッシングを受ける。もちろん本心ではなく場を盛り上げるためのユーモアとして発言される場合も多いが、中には心底リア充を嫌う者もいる（参考までに、検索サイト「Yahoo! JAPAN」で「リア充　嫌い」と検索したところ、156万件のヒットがあった）。そういった、「リア充」でない者の結束力というか、排他主義のようなものが強くなり、「リア充」と呼ばれる者たちが疎外感を得ることもある。しかし、やはり冷やかしとの線引きが難しく、差別というものは、一概に言い表せないものであることはよく分かる。「リア充」をめぐる差別意識については、まだ重視するほどのものではないかもしれないが、重視の度合いは関係なく、やはり人間には、自分と通じ合う仲間とは異なる者たちを排除しようとする潜在意識があるのだろう、と改めて感じる。

（学生のレポートから）

「リア充」である人——それはネット上など、ヴァーチャルな世界で豊かな関係をもっているのではなく、現実の人間関係など「リアル」な世界が充実している人のことだ。より具体的には、いま恋愛対象となる相手がいる人のことである。「リアルが充実」、だから「リア充」。

学生の仲間うちで、みんなで盛り上がる機会があるとき、「リア充」の人に対して「おまえはもう『リア充』だから、来なくてもいいだろ」と、緩やかに排除していくことがあるという。これは新しい差別ではないだろうか、と学生は論じているが、まぁ、仲間はずれとはいえても差別といえるかは疑問だ。

しかし、なぜ「リアル」が充実している他者が、もうすでにあなたは充実しているのだから、私たちと一緒に集《つど》う必要はないだろうと、仲間はずれにされてしまうのか。

レポートでは「リア充」はほとんど「恋人持ち」と同じに使われるという。「リア充でない人びと」（＝「恋人なし・恋人切望」）が集まり、「リアルになれるチャンスがある場」で「リアル」（＝「恋人」）を求めようとするとき、そこに「リア充」の仲間がいると、なぜ危うく感じてしまうのだろうか。

自分が獲得できるチャンスがある「リアル」を、その人が上手にかすめとってしまい、「リアルを充実したい」という欲望が満たされず、さらに飢えてしまうと感じるからだろうか。

私は、こうした発想の背後に息づいている人間関係イメージや親密さの程度、他者イメージに、なんともいえない平板さを感じてしまう。

確かに身近に「リア充」がいれば、羨《うらや》ましく妬《ねた》ましく思うだろう。でもコンパや合コンなどで「リア充」を排除したとして、そうではない自分たちだけで相手との関係を豊かにつくりあげ、自らを「リア充」へと変貌させることができるのだろうか。

「恋人」関係にいたるには、まさに一対一の直接的な現前から、相手との出会いややりとりを重ねていかねばならないし、相手との親密さも徐々に醸成されていくものだろう。そのためには、多くの他者と関係を紡ぐなかで、「リアル」への可能性や兆しをいかにつくりだし、さらに次回、「リアル」をつくれるつながりをどうつけるのかが大事だろう。

そのとき、先達の「リア充」がどうするのか、どうしてきたのかは、自分にとっていい意味でも悪い意味でも参照したい例ではないだろうか。つまり、あらかじめ排除などしないで、なぜ彼らとともにさらなる「リアル」を求めたり、端的にいって「リア充」を利用したりしようという発想にならないのだろうか。

自分が「リア充」になりたいと思えば思うほど、先達の「リア充」をよく観察し、新たな「リアル」をつくりだそうとする欲望が渦巻く場で、「リア充」たちがもつ「リアル」とのつきあい方、「リアル」の引き寄せ方を勉強し、うまく活用しながら、自分も「リアル」を引き寄せようとするのではないだろうか。

もちろん、若者の多くは「リア充」を排除したり、距離をとったりなどはしていないだろうと思う。前記のレポート内容は、一つの例外的な事例なのかもしれない。

なぜいま「リア充」なのか？

優れた少年犯罪論や若者論を展開している土井隆義は、いまの若者は内閉した日常を生きているという（土井隆義『キャラ化する／される子どもたち――排除型社会における新たな人間像』岩波書店、二〇〇九年）。

スマホという情報端末を駆使し、気の合う少数の友達とつねにつながり、相手とつながっていること自体を確認し続ける、一日中スマホを手放せない若者たち。メールが届くと即座に返信しないと不安になる感情や身体。スマホ依存という現実。

彼らがつねにつながろうとする世界は、彼らだけのウチであり、その狭い世界のなかで、仲のいい「内輪の友達」と相互のキャラがかぶらないように細かく配慮する。お互いの人間存在のなかへ侵入することなく、お互いの熱が適当に感じられる距離を絶妙に維持しながら、自分たちの「ウチ」へ閉じこもろうとする若者たち。

そこには、お互いが全き存在として直接向き合い、（完璧には無理だとしても）できる限り相手を理解しようとする、堅実かつ誠実な努力はないだろう。

「いま、ここ」で相手の世界に入りこもうとすれば、ときにそれは暴力的な営みにもなり、相手を傷つける危険性がある。そしてそれは翻って自分をも傷つけることになりかねない。だからこそ、相互に傷がつかないような粘度を保った「空気」を互いの間に満たして、「空気」の意味を絶えず読み、優しく生きていこうとする。そこは、いわば絶対的な権力が他者を監視・管理する世界ではないが、微細に、かつねっとりと相互監視・管理し合う「友だち地獄」なのかもしれない（土井隆義『友だち地獄――「空気を読む」世代のサバイバル』ちくま新書、二〇〇八年）。

こうした若者論は、若者が陥っている人間関係がもつ多様な問題を考えるうえで確かに意義深いものだ。ただ他方で、こうした若者論をいくら展開しても、いまの若者のリアリティは理解できないのではないかという疑念も湧いてくる。

私たちの日常は、ネット上に氾濫する情報やメディア環境を考えれば、そのほとんどが間接的な、ヴァーチャルなものとの出会いだろう。私が子どもとして生きた昭和三〇年代に、他者との直接的了解の機会や場がどれだけ日常であったか思い返せば、情報機器がもたらす圧倒的な影響は、（たとえ間接的な出会いであっても）すでに驚きの域を超えている。日常手にできる情報の質量をめぐる圧倒的な差異から考えても、私たちは昔に比べ、ヴァーチャルなものとのつながりのなかで日常の大半を生きていることは確かだろう。

ただ私は、私たちの日常が、完璧にデジタル化され変質したとしても、なぜ「リア充」という発想や言葉が、デジタル化した日常を見事に泳ぎきっている（はずの）若者たちから生まれるのかが、やはり気になるのだ。

「ウェブ充」は羨ましくない？

「リア充」と対照的な人間イメージは何だろうか。

私は「ウェブ充」という言葉を思いつく。スマホを入口のツールとして駆使し、世界中の多様な情報や現実と瞬時につながり、情報を吸収し、自らの「いま、ここ」の生に役立たせていく人間イメージだ。同じ若者でも、スマホを使いこなす技量には当然、差があるだろう。

しかし彼らは「ウェブ上の人間関係や情報が豊かな」人を「ウェブ充」と呼び、羨んだり、特別視したり、仲間はずれにはしない。そもそも「ウェブ充」という発想や言葉も使われていないはずだ。

「リア充」は気になるが「ウェブ充」は気にならないとすれば、その背後に息づいている他者との出会いやつながりへの欲望、生身の人間とのつながりへの希求は、スマホを使いこなす多くの私たちのなかで、どのように維持されているのか。また、そうしたツールがなかった時代に比べ、どのように変質しているのか、あるいは変質していないのか。

そうした問いが、日常性をフィールドワークするうえで、重要な導きの糸となるのではないだろうか。

スマホを飼いならす？　それとも？

私たちの日常性を考えようとするとき、ツールとしてのケータイやスマホをはずすことはできないだろう。すでにケータイは消滅しつつあり、スマホが主流だ。このツールは極めて便利であり、私たちの日常生活世界を飛躍的・超越的に拡張させてしまった。

たとえば大学のゼミで学生に文献を示そうとして、文献の名前は思いだせるが、著者名が記憶のかなたに飛んでいってしまっていることがよくある。そのとき、学生はスマホの画面を指で数回なで、あたかも魔法のように文献を探しあて「先生、これでしょう」と教えてくれる。また学生たちの話だと、スマホは就職活動の必須のアイテムのようだし、訪問先の会社への最短のアクセスを調べるのに、スマホは欠かせないとゼミ生は語る。

他方でスマホの利用マナーが問題視され、スマホに集中して駅のホームから転落しないよう、また、他の乗客の迷惑にならないように過剰な使用は控えようという趣旨のアナウンスが電車内や駅で流されている。

もちろん、社会に迷惑のかからないようなスマホの使い方を考えることは重要だろう。ただ、私がここで考えたいのは、この至便のツールの出現によって、私たちの現実構築のありようにどのような変容が生じているのか、また、その変容の影響下での他者との出会いやつながりのあり方について、何をいま一度考え直すべきなのだろうか、という問題である。

多孔化した現実を生きる

私たちは、スマホというツールを使いこなしながら、どのような現実を生きているのだろうか。参考になる優れた分析がある。

気鋭の社会学者である鈴木謙介は「ウェブ社会」の特徴を論じる著書のなかで、「現実空間の多孔化」というユニークな分析を提示している（鈴木謙介『ウェブ社会のゆくえ――〈多孔化〉した現実のなかで』ＮＨＫブックス、二〇一三年）。

現実空間の多孔化とはどんなことを言うのだろうか。

鈴木は「現実の空間に付随する意味の空間に無数の穴が開き、他の場所から意味＝情報が流入したり、逆に情報が流出したりする」ことを「空間的現実の多孔化」と呼び、「多孔化した現実空間においては、同じ空間に存在している人どうしが互いに別の意味へと接続されるため物理的空間の特権性が失われる」ことを「空間的現実の非特権化」と呼んでいる（鈴木、二〇一三、一三七頁）。

通勤電車の乗客の姿を例に考えてみよう。

私は毎日同じ時間の電車に乗り、大学へ出勤する。電車を待って並んでいる乗客を見ると、その八割近くがスマホを見つめ、なにやら画面を操作している。他の乗客の様子を見たりする人はまずいない。

電車が到着する。彼らは一瞬スマホから目を離し、電車から降りる客の隙間をぬって、車内にすべりこんでいく。彼らは車内に入り、自らの場所を決めた瞬間、再びスマホを見つめはじめる。混んだ車内で、自分のすぐ隣にどんな人間が立っているのかもほとんど気にすることなく、身体を密着させ、あるいは絶妙に距離をとりながら、スマホを見つめ続けるのである。

物理的な身体、客観的な状況を考えれば、彼らは駅で電車を待っている。しかしスマホを使いこなすことで〝電車を待つ〟という現実に多くの孔《あな》があき、そこから別の多様な現実が流れこみ、彼らはその情報をもとに、自分がいま生きている現実の意味を書きかえてしまうのだ。

友人にメールをし、届いたメールを確認する、ＬＩＮＥを使って仲間と情報を交換する、好きなテーマでツイートする、お気に入りのソーシャルゲームを再開する、各種のサイトで最新の情報を確認する、等々。

彼らは意味を書きかえた瞬間、その世界で生きている。ただ彼らの身体というアンテナがどこかで働いており、「電車が到着します」のアナウンスとともに、乗客という現実に瞬時に立ち戻り、急いで車内に乗りこんでいく。車内での場所決めが済んだ瞬間、彼らはスマホを見つめ、新たな別の現実の情報を入手する。目的の駅までの時間、スマホから提供される多様な情報で自らの現在の意味を忙しく書きかえながら、満員電車の車内で「生きている」

のである。

通勤のために電車を待ち、満員電車に揺られるという物理的・身体的なリアリティは、〝通勤するという行為〟を実践している私たちにとって、いまやもっとも意味が満ちた至上の現実ではない。スマホを介して得た情報によって、私たちが多様に生きているウェブ上のリアリティと等価なのである。

リアルとヴァーチャルの区別は意味がない

かつて多くの研究者や批評家は、リアルとヴァーチャルという二分法的な考えで、ネット上の現実に幽閉されていく人びとのリアリティを解読し、批判してきた。

しかし、鈴木の主張が適切であれば、リアルとヴァーチャルという区別は「ほとんど意味がない」ことになる。私たちが、自らの身体や、身体から派生する多様な意味を投錨させる物理的な現実は、他のどの現実よりも、私たちの志向が優先される至上の意味領域ではなくなってしまうからだ。

生身の身体、生身の感情がつくりあげる物理的な空間での現実は、ネット上、ウェブ上で構築される多様な現実と基本的に等価であり、私たちはスマホというツールを駆使することを通して、こうした多様な現実を瞬時のうちに移動し、体験しつつ、現在という時間を生きていることになるのだ。

こうした日常性の変化は、社会の情報化が一気に進化した結果、出現しているのであり、私たちには思いもよらない、徹底してラディカルなものであるはずだ。

しかし私たちの日常では、脅威でもなくラディカルでもなく、淡々として変わらないように見える「あたりまえ」の連続のシーンのなかで、スマホの効用、スマホがある日常がおもしろおかしく語られている――白い犬が伝統的なおやじ語りやしぐさをする、おとぼけ家族の情景や物語というスマホのテレビコマーシャルが象徴するように――。

現象学的社会学の発想で日常生活世界を論じ、多元的現実の構成や「いま、ここ」という私たちの他者理解の原点の意義を論じたＡ・シュッツが現代に生きていれば、驚愕したのではないだろうか。

私たちが具体的な身体を備え、もっとも意味が満ちたかたちとして他者と出会う空間としての「いま、ここ」。第１章で述べたように、この空間は、私たちの至上の現実である日常生活空間にとって原点であり、「いま、ここ」で私が現在という時間を生きており、他者との充実した意味に満ちた出会いが可能だからこそ、私は目の前の他者とつながることもできるし、歴史的な過去を生きていた他者を理解し、直接見渡すことができない地平のかなたにある同時代の人びとのことを空想し、想像することもできるのだ。

その意味で、「いま、ここ」に直接的に現前する空間は、思いっきり優先的で特権的な意義に満ちた空間のはずだ。

しかし、スマホというツールができたいま、「いま、ここ」がもつ意味は確実に変容している。鈴木によれば、私たちの現実にあいてしまった多くの孔を通して流入し、流出していく意味の濁流のなかで、「いま、ここ」がもつ特権性が喪失されているのである。多孔化した現実を私たちが生きてしまっているという鈴木の分析は、とても説得的で納得がいくものだ。これまでのネット社会に関する議論や、リアルとヴァーチャルの関係性を論じたものより、はるかに意義深いと思う。

そのことを十分に認めたうえで、私たちが日常を、よりおもしろく他者と共に生きていくうえでの「いま、ここ」という空間の特権性を、改めて考え直してみたい。

スマホは他者理解のためのツールなのだろうか？

たとえば、ネット依存、ケータイ依存という病理的な発想で現実が読み解かれ、依存からいかに脱することができるかをめぐり、多様な〝処方箋的知〟が語られている。

確かに病理への処方箋は必要なものだろう。しかし他方で確かな事実がある。いくら「ネット依存」「ケータイ依存」というかたちで現象を病理的に理解し、若者の日常を中心としたネット文化やサブカルチャーを批判しようとも、情報機器を通したヴァーチャルなつながりなくして、現在の私たちの日常や「あたりまえ」は成立しないという事実だ。

だとすれば、いまの若者はケータイやスマホに過剰に依存し、そこで生みだされる現実に過敏に反応し、「友だち地獄」を生き、仲間「ウチ」の内閉した日常を生きていると批判することは、若者なども含め、スマホと日常を生きざるを得ない私たちの「あたりまえ」を調べ、理解するうえで、どれほど有効なのだろうかという思いも湧く。

若者文化論の文脈ではなく、スマホがある日常を考えようとするとき、私たちはスマホをどのように了解していけばいいのだろうか。

私は次にあげる二点が気になっている。

一つは、従来、私たちが他者を理解するため、そして自分を他者に理解してもらおうとするためにとらざるを得なかった手続きや作法、時間や距離、それらを行使するときに私たちが使ったエネルギーをどう考えるかという点である。

ケータイやスマホを通して、私たちはつねに親密な仲間や友人とつながることができる。鈴木の分析にもあるように、こうしたコミュニケーションのあり方の変化が、逆に私たちの側にも変化をもたらし、つねに親密な仲間とつながっていたい、さらには親密な仲間が自分のことをどのように考え、見ているのかが気になり、つねにそのことを確かめたいという欲望をかきたてられる。

メールが届いたら、即座に返事をしないと落ち着かない。なぜなら返事をしないと、相手が下すであろう自分への評価――「自分のことを無視したり軽く見たりしているのではないか」――を先どりして不安にかられ、即レスを繰り返していく。

私たちのこうした行動や反応は、病理か何かのように論じられることもあるが、私はそうは思わない。独自の自己論や相互行為自体がもつ秩序を論じたE・ゴフマンをあげるまでもなく、他者に対する自己提示や自己の印象操作は、スマホやケータイを介したコミュニケーションに限らず、私たちが普段から自然に行っている営みだからだ。

スマホがもつ〝速度〟

では何が問題なのだろうか。

それは至便さ、利便性の象徴でもある〝速度〟ではないか。

情報機器がもつ機能としての至便性である〝速度〟が、私たちの日常的なコミュニケーションや他者理解、他者への意思や感情の表明をめぐる〝速度〟にまで介入し、〝この速度こそ最適だよ〟といわんばかりに、私たちに強いてしまっているのだ。

「さくさくとつながる」ことは、便利なことだ。しかし「さくさくと相手を理解し、さくさくと自分を相手に提示すること」は、はたして素晴らしいことなのだろうか。

かつてケータイやスマホなど想像もできなかった時代、私たちは家にある固定電話で友達と遅くまで電話をしたはずだ。電話は、リビングや廊下など、家の者が誰でも使える場所にあった。だからこそ、私たちは友たちと秘密の談話をしたり、長電話をしたりするときは、家族にわからないように工夫しただろう。

どうしたら家族にばれないように、あの子と電話できるのかを考えた時間。なんとか電話でき、深夜にこっそり二人で親密な会話を楽しめたときの楽しさや達成感。こうした営みは、けっして「さくさく」進められるものではなく、つねになんらかの困難や障壁をともなうし、時間やエネルギーがかかるものだ。

これはけっして昔を懐かしんだり、昔はよかったとノスタルジーを語ったりしているわけではない。他者とつながり、他者を理解し、翻って自分を他者に提示する営みは、けっして「さくさく」達成されるものではなく、さまざまな困難や障壁、長い時間や多様なエネルギーがかかるものであり、私たちはスマホの〝速度〟に見合うように他者とはつながれないという事実を確認したいのだ。

スマホがもつ〝速度〟に関連して、さらに考えられること。

それは私たちが言葉を介して他者と出会い、他者を理解していたときの〝時間〟や〝あいまいさ〟〝余裕〟とでもいえる何かが、その〝速度〟によって奪われたり、変質したりしているのではないか、ということだ。

大学の講義でよく学生に尋ねることがある。

「あなたたちは、好きな人ができたとき、自分の思いを伝えようとして、まず何をしますか」と。別の尋ね方をするときもある。「好きな人ができて、あなたたちは自分の思いを伝えようとして、手紙を書くことはありますか」と。

多くの学生はこう答える。

「ケータイで自分の気持ちを伝えます」「まず電話（ケータイ）しますね」「手紙は書いたことはありません」等々。

「そうか、最近の若い人は手紙を書かんようになったな。私は大学生のとき、好きな人に一晩かけて便箋で一五枚書いたことがあるぞ」と、私は彼らの答えを受けて話しだす。この話にはオチがあり、一週間後、相手から便箋一〇枚くらいの返事が届く。「お友達でいましょうね」と。

過去の恥ずかしい出来事を学生に披露したいのではない。私が言いたいのは、〃言葉を尽くして、思いや考えをまとめ、相手に語りだす〃ということがもつ意味だ。

相手のことが好きだとして、自分はどのように好きなのか。それをどのように言葉を駆使して表わせば、一番印象深く相手に伝えることができるのだろうか。

手紙を書いているとき、私たちはこうした自分の思いや言葉と格闘しているだろう。ただ、そのとき実感するのは、自分の思いを、いかに言葉で言いつくすことが難しいのかということであり、同時に、相手がどのような人間であるのかを想像しつくすことの難しさでもある。いわば、自分と他者の間に横たわる〃距離〃や、他者理解の困難さや奥深さを思い知らされるのである。だからこそ、なんとか言葉を駆使し、自分の思いを相手に伝えようと、さらに奮起し、書くことにエネルギーを投入していくのだ。

アプリでもともと用意されたスタンプや顔文字で、自分の言いたいことや気持ちが伝わるのだろうか。伝わるとしても、そのやりとりによって、他者理解のどのような部分を達成できているのだろうか。

スマホに飼いならされることで、従来であれば多様な言葉をつくして相手に何かを伝えようとしたときに私たちがつぎこんでいた〝生きられた時間〟、大切な〝無駄〟を失ってしまったような気がするのである。

だから、スマホというツールに対する発想や認識を変えてみてはどうだろうか。

「多孔化した現実のなかで、他者や多様な現実と平易につながることができるツールとしてのスマホ」ではなく、「ミステリアスでよくわからない存在としての他者と、それだけでは簡単につながることなどできはしないツールとしてのスマホ」というふうに。

スマホを通して、歴史や社会の〝生きられた現実〟を体験できるか？

もう一つ、私が気になっている点。それは、スマホが提供する情報や日常的現実に容赦なく流入してくる意味とは、いったいどのようなものなのか、考え直す必要があるのではないか、ということだ。

私たちはスマホというツールを通して、世界中の情報を瞬時のうちに入手することができるだろう。しかし、それはあくまで情報であり、自分の知らないところで生きている多くの他者が、どのようにその情報や意味とつきあい、生きているのかまで、瞬時にわかるわけではない。

それだけではない。ある事件や歴史的出来事をめぐる情報にしても、その情報はかつて事件や出来事を体験した人びとの語りや思い、情緒にまみれていた。つまり「〝すぐには了解しづらいさまざまな意味にまみれた〟、その意味で〝生きられた〟もの」だったはずだ。

たとえば、ヒロシマの被爆の記憶をいかに継承するのかという問題にしても、先述の鈴木によれば、個人の空間を被爆問題という共同性へと接続するために、平和記念公園や周辺地域におけるモバイル情報サービスなど、さまざまに拡張現実を利用する試みが始まっているという。

確かにこうしたサービスは、ただ広島という場所をめぐるだけでなく、被爆という出来事を、その場その場でスマホを利用する個人に浸透させていく可能性をもつだろう。そして、スマホというツールが、個人の世界の間で情報を流通させるだけのものではなく、スマホを介して、個人がいかに社会問題や歴史的現実といった〝個人を超えた現実〟とつながれるかの可能性を試す意義ある試みだとも思う。

ただ、こうした試みが、先に述べた「〝すぐには了解しづらいさまざまな意味にまみれた〟、その意味で〝生きられた〟もの」を、いかに私たちに実感させてくれるのかは、その成果を今後検討する必要があるだろう。

いまは、私たちはスマホに飼いならされていると思う。だからといってスマホを捨て去ることなどできはしないだろう。

とすれば、このツールが瞬時のうちに多様な情報を入手できる利便性を認め、それを最大限活用する方向で生かすしかない。そのうえで、私たちが他者とつきあい、他者理解をするために必須である〝他者との適切な距離〟などの〝あいまいさ〟を、スマホを駆使することですべて乗りこえることができたかのように思いこんでしまう危険性に、しっかり気づく必要がある。

同時に、スマホというツールが、情報の圧倒的な処理感という手触りのよさを通して個人をつなげるだけではなく、個人を超えた社会問題や歴史的事象を理解することへの橋渡しとして――いわば、個人を社会や共同性、歴史につなげるツールとして、いかに活用できるのかを考える必要があるのではないか。

こうした作業を通して初めて、私たちはスマホを飼いならすことができ、その結果、「いま、ここ」における充実した意味に満ちた他者理解の意義や難しさも、改めて実感できるのではないだろうか。

ある障害をもつ友人との日常のワンシーンを読み解く

次のトピックに移ろう。

私たちの日常性を考えるうえで重要な発想は、「カテゴリー化」というものだろう。私たちは、普段多様に出会う他者を、どのような意味が満ちた枠で捉えているのか、そして、その枠からどのように他者が生きている様子や現実を理解しようとしているのか、という発想だ。

いつも人権問題の研修講演などで話しているエピソードから始めよう。

かつて広島に住んでいたころ、障害をもつＹさんという年配の男性の友人がいた。彼は脊椎に障害があり、背丈が子どもくらいで、普段は車イスで生活をしている。

あるとき、広島の中心街にあるバスセンター近くを歩いていると、Ｙさんが通りの向こうから電動車イスでやってきた。とくに介助を頼まれていたわけでもなく、私は別の用事でそこを歩いていた。まさに偶然、通りで出くわしたのだ。

やぁやぁ、久しぶり。今日は何で、どこ行くのん、とあいさつを交わし、しばらくの間、通りのど真ん中で雑談をしていた。Yさんは電動車イスに座っているので、私は話しやすいように、Yさんと目線が合うよう、しゃがみこんで話をしていた。

しばらくして、感じのよさそうな男性が近づいてきて、私たちに話しかけた。

「何かお困りですか。手伝いましょうか」と男性は優しく言った。Yさんと私は、きょとんと目を合わせた。別に何も困っていない。ただその場で雑談をしていただけだ。雑談を手伝ってもらうわけにもいかないしなぁ。そんなことを二人は瞬時に思ったようで、お互いに目を合わせ、可笑《おか》しさをこらえながらYさんは、「いいえ、大丈夫ですよ。どうもありがとう」と丁寧に男性に返事をした。

男性は、Yさんの返事を聞き、「そうですか、何かあったら遠慮なく言ってくださいね」と安心したかのように、穏やかにその場を去っていった。私たちは、この出来事でさらに盛り上がり、その後しばらくその場で話しこんでいたと思う。

このなんでもないようなエピソードから、私たちは何を考えることができるだろうか。

Yさんと私は、通りのど真ん中で雑談をしていた。ただそれは傍から見れば、電動車イスの障害者とそうでない男性が、通りのど真ん中で、しゃがみこんで何かをしているという姿だろう。何をしているのか、何を話し合っているのか、それは当人たちでないとわからない。とすれば、私たちの傍《かたわ》らを通り過ぎていった多くの人びとは、何を思っただろうか。

多くの人びとは、私たちを障害者と介助をする人、という対で了解しただろう。さらに、介助をめぐって何かを話しているのかなと考えた人もいただろう。いずれにせよ、多くの人たちは、私たちの姿を遠目で眺め、少し距離をとりながら通り過ぎていったはずだ。

そうしたなかで、ある男性が私たちに声をかけてきた。

彼らは通りの真ん中でしゃがみこんでいる。見ているとそこから移動するふうでもない。だいたい通りのど真ん中でしゃがみこんでいること自体、彼らにとって普通でない何かが起こっているのだろうか。見ていると、誰も声をかけようとせず、見て見ぬふりをして通り過ぎていく。何か困ったことがあるのか、とりあえず声をかけてみよう。

おそらくはそんなことを考え、男性は私たちのところにやってきたのだろう。

男性の考えや行為には、何の問題もない。むしろ障害者が困っている状況を想定し、サポートを申し出るという、善意にあふれた、すばらしい行為だろう。声をかけられた私たちも、男性から、とってつけたような「優しさ」など感じなかったし、とても自然な行為だった。

障害者が街で他の人びとと生きていくうえで、こうした思いや行為が自然に起こる日常を増やしていくことは大切だろう。男性の行為は素直に評価すべきものだ。

ただ、きちんと評価をしたうえで、私はさらに別のことを考え、講演などで語っているのだ。

障害者＝何よりも「介助」される存在？

この男性の行為には、何も間違いはないし、男性が抱いていたであろう善意もまた、批判したり、斜に構えて考えたりすることもない。障害をもつ人びとを街で見かけ、何か困っているなと思えば、声をかけ、手助けすべきだ――。これは私たちがいろいろな場で学んできた障害をもつ人に対する必要な配慮であり、思いやりが具現化したかたちである。

それを確認したうえで、私が語ろうとするのは、障害をもつ人とそうでない人が何かをしている場面に遭遇したとき、それを、介助が必要な障害をもつ人がそうでない人に介助を頼んでいる光景、あるいは端的に障害者―健常者↓介助される―介助するという関係性としてしか了解できないとすれば、そこにいかなる問題が考えられるのだろうか、ということだ。

おそらくこの男性も、私たちの姿を見た瞬間、介助される―介助するという関係性をまず想起し、そのうえで私たちの様子を解釈しようとしたのだろう。

障害をもつ人びとのことを、私たちは普段どのように解釈し得るだろうか。荒っぽく言ってしまえば、街で障害者を見かけたら、すぐに介助のことを考えよ、障害者は介助を必要とする、だからその点をまず考えよ、というメッセージになるだろうか。

障害をもつ人を介助することの必要性はその通りであり、否定すべきものではない。ただ、こうしたメッセージが私たちの「あたりまえ」のなかで、強固にかつ頑固に存在し続けるとすれば、それは障害をもつ人と私とがいかにつながれるのかをめぐり、微細ではあるが確実な力を行使することになるのだ。

私たちは、他者とつながろうとするとき、どうしたら、どこからつながれるのかを考え、さまざまな可能性をもつ「入口」を探すはずだ。相手の服装や持ち物などの外見から始まり、仕事の中身や趣味の世界、好きな食べ物や好みのタレントなど、その人を理解するうえで必要だと思う情報を探すだろう。つまり、相手という存在のなかへもっともスムーズに入っていける「入口」はどこにあるかを、私たちは考えるのだ。

もちろん、毎朝の電車通勤や職場の日常においては、「駅員」「上司」「同僚」などの類型的な「入口」さえあれば、十分に他者と関係をもち、その場を支障なく過ごすことはできるだろう。

しかし、類型的な「入口」を最大限に利用しているとしても、目の前に登場する多様な他者とさらに関係をもとうとするときには、他者とのつながり方を考え、私たちが多くもっている「他者を自分へと迎え入れるための」もっとも適した「入口」を探そうとするのである。

こうした「入口」探しという営みは、目の前にいる他者が障害をもつ存在であっても、基本的には同じはずだろう。しかし、私たちは、往々にして、障害をもっている他者とつながるための「入口」は、「介助」しかないと考えてしまうし、「介助」こそが、障害者にとって最優先のつながり方だと思いこんでしまう。

他者とつながる可能性をもつ多くの「入口」を多様に開けている障害者に対して、そのうちの一つである「介助」という「入口」だけから他者が入ろうとしたり、その「入口」に優しい善意の他者が殺到したり、その「入口」の入りにくさや狭さに、「せっかく入ろうとしてやっているのに、なんと入りにくい入口だろうか」と文句を言ったりしている――。こんなイメージが浮かんでしまうのだ。

「介助」という「入口」にだけ、他者が殺到し、自分とつながろうとする。また「障害」という部分にだけ反応し、それ以外からは他者が遠ざかっていき、関係を結ぼうとはしない。

障害ある人がこうした日常を生きているとすれば、それは「生きづらい」ものではないだろうか。

他者とつながるための「入口」探し

Ｙさんは、かつてある奨学制度を使い、アメリカのバークレーに半年間留学していたことがある。アメリカから帰国後、しばらくの間、Ｙさんは次のようなことを何度も語っていた。

「アメリカは住みやすいところだよ。日本に比べて、はるかに私は暮らしやすかった」

なぜそう感じたのかと聞くと、周りの視線を気にすることなく、ずっと気楽に過ごすことができたのだという。日本で暮らしていると、つねに周りからまなざされていると感じるそうだ。Ｙさんが障害者であることは事実だが、つねに障害ある存在として、周りから、密度の濃い、いわばねっとりとした、回避しがたい視線を浴びていたというのだ。

多くの「普通」の人とは異なる姿をし、街を移動するＹさん。その姿を奇異なるもの、見たくないものとしてまなざそうとする悪意の視線。障害者であることに対して、同情や憐れみをもってまなざそうとする視線。助けがいる存在として、何か自分が助けられないだろうかという思いがこめられた優しい、善意の視線。さまざまな意味がこめられた視線がＹさんという存在に、あからさまに、あるいはさりげなく注がれていくのだ。

Yさんは、アメリカのバークレーという異邦の地で暮らし、日本とは対照的に、さっぱりとした乾いた視線と出会い、そうした視線とのつきあいの気楽さを感じ、改めて自らが、「視線（まなざし）の地獄」のなかで、日常、障害ある存在として生きていたことを確認したのである。

もちろん、アメリカに留学した他の障害者の体験記を読めば、日本に比べて治安が悪いことがわかり、その意味では暮らしづらいことも確かだろう。ただ日常において、他者が自らをどうまなざし、自らとどのようにつながろうとするのか、という点では、圧倒的に日本は「生きづらい」とYさんは実感したのだ。

障害をもつ人びともまた、私たちと同様に、多彩で多様な「他者とつながれる入口」をもっている。これは「あたりまえ」の事実なのだが、私たちが普段、障害ある人をどのようにまなざしているのかを詳しく見直していくことで、私たちの「あたりまえ」のなかに息づいている障害者をめぐる平板で偏ったイメージが確認でき、彼らが普段体験している「生きづらさ」の重みにも想像がいたるようになるのではないか。

そのことで、私たちの「あたりまえ」もまた、確実に豊かになっていくはずである。

テレビコマーシャルを読み解く

引き続き、日常性を考えるうえで有効な作業である、カテゴリー化について考えてみよう。私たちが普段目にする現実では、誰がそこに関わり、どのようなことが展開するのが「あたりまえ」なのかが、瞬時のうちに理解される。

その典型が、テレビコマーシャルを見る行為だろう。

一五秒か三〇秒の間に、商品の効用やブランドイメージを視聴者に印象深く訴える。私が子どものころは、商品のよさを連呼するような素朴なコマーシャルがあったが、いまは生活のワンシーンを上手に切り取り、商品のある便利で豊かな暮らし、センスのある暮らしを鋭く、あるいはコミカルに伝える内容のものが多い。

コマーシャルは一つの物語の世界を私たちに提示する。そして、ほんのしばらくの間ではあるが、その物語の世界がどのようなものであるか、私たちは「常識的知識」を瞬時のうちに投入し、理解している。この「常識的知識」を読み解くためにも、テレビコマーシャルという素材は、興味深いものなのだ。

たとえば、すでに私たちの日常に定着してしまっているコマーシャルがいくつかある。そのなかでも有名なのは、ソフトバンクのスマホ（かつてはケータイ）のコマーシャルだ。すでに長い間、さまざまなバージョンが放送され、まさに私たちの「あたりまえ」の日常を構成する一つのパーツのようになっている。

白い犬がお父さん!?

その最初の作品を考えてみよう。

上戸彩が娘役としてソフトバンクで携帯をセールスする仕事をしている。樋口可南子が母親役で登場し、黒人男性がお兄さんとして登場する。「黒人のお兄さん？」と、テレビの映像を見ている私は、この時点で少し驚くことになる。いったいどういった構成の家族なのだろうかと。

このとき違和感を覚えるものの、それ以上の驚きは生じない。しかしコマーシャルの最後、オチの場面で思わずふきだし、違和感や驚きは一気に爆笑へと昇華される。愛玩犬などではない、いかにも番犬っぽい白い犬が登場し、しゃべるのだ。そしてこの白い犬が「お父さん」なのである。

コマーシャルの目的は、家族内通話が無料とか友達割引、高校生割引など、携帯電話サービスを見ている側に伝えることだが、すべてのバージョンで、白い犬の「お父さん」がオチをつけている。

兄の友達とされる清楚な女性と手（前足）をつなぎ、うれしそうに微笑《ほほえ》む（?・）「お父さん」の姿。日本中を一人（一匹?・）で放浪し、旅館の窓からものうげに外を眺めていたかと思うと、「まちがえました」と恥ずかしそうに、でもなかば居直りながら女湯から暖簾《のれん》をかき分け駆けだしていく「お父さん」の姿。

高校生割引のバージョンでは、「お父さん」は先生であり、クラスの生徒たちに説教をたれる。犬の鼻をつけて「ソフトバンクごっこ」をして遊ぶ高校生を叱る「お父さん」。そこへ「叱ってばかりが教育ではありませんよ」とお母さん（樋口）が登場する。彼女はその高校の校長先生だったのだ。

自宅のシーンで、ソファでくつろぐ二人（一人と一匹?・）。「ごはんまだ?・校長」「家では校長はやめてください」「わかりました、校長」。んー、ややこしいとへたりこむ「お父さん」の姿。

他にも場面設定が異なるバージョンがあるが、私は、この「お父さん」犬の姿やしぐさ、しゃべりにはまり、次はどのような展開になるのだろうかと楽しみに見ていた。

このコマーシャルはユニークである。

上戸彩と樋口可南子は、彼女たちも含めてそこに登場する人物を「家族」として解釈することが自然であるように語り合う。そこへ黒人男性が登場する。「お兄さん」である彼を、見ている私は上戸の兄として、樋口の子どもとして解釈せざるを得ない。いったいどのような縁で彼らは家族なのだろうかと、目の前で展開するシーンに注目することになる。

この注目はある意味で緊張であり、コマーシャルはどこかでこの緊張を解きほぐさなければならない。その緩和と解放が白い犬の「お父さん」の登場で一気に生じるのである。

犬に向かって何の違和感もなく、「お父さん」と語りかける彼女たち。こちらに向かって吠える犬の姿。そこに「お父さん」のしゃべりが重なり、あたかも犬がしゃべっているかのように錯覚し、表情すらも感じてしまうのだ。

この犬の姿自体もおもしろく、思わず笑ってしまうのだが、同時にそこで「家族」に対して私たちが「あたりまえ」のように抱いている前提や知識が確実にずらされ、からかわれ、一瞬、相対化されることになる。

私たちが普段、自明視している家族の基本的な要件である「縁」――つまり「家族＝血縁でつながった人々の集合」という前提的な知が、白い犬の「お父さん」により、一気にからかわれ、その意味が相対化されてしまうのだ。

そして、「家族」というつながりをつくりあげる基本だと、私たちが信奉している常識的な知識が相対化されることで、私たちは驚くとともに、逆にCMに登場する人びと（白い犬も含めて）のやりとりが新鮮に映るのである。

なぜ父親は白い犬なのか？

また、この作品に登場する「家族」は、伝統的で慣習的である。

白い犬が、父親であり夫である家庭。私たちが普段暮らしている日常ではまずあり得ない。しかし、私たちがとくに不安にもならず、彼らを「家族」として眺められるのは、彼らの姿やしぐさ、やりとりが素直に伝統的で慣習的なものだからだ。

娘や息子、妻に対してなんでも権威的に主張しようとする、父親であり夫である姿。その一方で、とっておいてあった菓子を盗み食いし、見つかると自分の部屋へ戻り、携帯メールで「食べました」と伝え、居直る父の姿。「ご飯、まだ?」と妻に甘えるように語る夫の姿、等々。

「お父さん」が犬であるという、血縁幻想を壊してしまう新鮮な設定であるにもかかわらず、白い犬がコマーシャルで見せる姿は、私たちがよくあると思いこんでいる父親イメージであり、どうしようもない「おやじ」の姿だ。

そして、この「おやじ」をいなし、落ち着いてやりとりをする聡明な妻であり母の役を樋口が演じている。

なんのことはない、とてもユニークなソフトバンクの「家族」でさえ、伝統的で慣習的な家族のやりとりをしているのだと、私たちは安心し、犬の「お父さん」が見せる戯画化されたしぐさや姿、しゃべりを、よく見かける「おやじ」として、笑いとばすことができるのである。

ただ、このコマーシャルがユニークであり、同時に伝統的で慣習的であると分析しても、解けていない、より根本的な問いがある。

ユニークな「家族」を創造するうえで、なぜ兄が黒人男性なのだろうか。なぜ父親＝夫が白い犬なのだろうか。なぜ母親が樋口可南子という女優なのか。なぜ母親＝妻を、白い犬というような別の存在にしなかったのだろうか。

こうした一連の問いである。

「女／男であること」を実践する

さて、なぜ私は、ユニークな場面を見て「家族」をめぐる情景として読み解くことができたのだろうか。

それは、私が「家族」をめぐる知識――たとえば父親とは普通誰のことをさし、いついかなるときにどのように語り、ふるまうのが「あたりまえ」なのか、母親とは普通誰のことをさし、いついかなるときにどのように語り、ふるまうのが「あたりまえ」なのか、さらにいえば、世の中では、父親や母親はどうあるべきだと考えられているのか――を知っているからだ。

いわば「家族」の構成メンバーをめぐる〝適切とされる〟知識、さらには父親、母親をめぐる役割を〝適切に〟遂行するうえで、男性や女性はどのようにあるべきなのかといったジェンダーをめぐる知識を、私が知っているからである。

それも、一般的な箇条書きといったかたちで、単に知識としてもっているのではなく、個別の状況に適合し、その状況にいわば埋めこまれているかのように知識を使いこなしているからこそ、コマーシャルのなかで展開されるやりとりに驚き、笑うことができるのだ。

もちろん、普段の私は男性であることをつねに意識して暮らしているわけではない。また家庭においても、つねに自分を夫であり父親であると意識しながら、かみさんや娘とやりとりをしているわけではない。

しかし、同時に私は、その場その場で「男性であること」を演じているし、状況に応じて多様な営みを実践することを通して、たとえば「父親であること」を〝生きている〟のである。

さて、先にあげた問いがある。

なぜ「父親」であり「息子」だけが、「白い犬」や「黒人男性」に変化したのだろうか。もちろんそれは笑えるからであり、緊張を緩和させるイメージでもある。しかしそれだけではないだろう。

家族割引を伝えるCM。携帯電話のサービスが意味をもつのはまさに「家族」であり「家庭」である。サービスがもたらす効用や意義を明確に伝えようとするとき、CMで展開する「家族」や「家庭」がつねに安定し、見る側にそれが「家族」であるという信奉を維持させなければならない。

では、このコマーシャルでは、何を安定させ、不変かつ普遍なるものとして描いているだろうか。

それは樋口可南子という女優が演じている「母親」「妻」であり、彼女の姿やしぐさ、語りが安定した「家族」関係、「家庭」空間を象徴しているのである。いわば「家族」「家庭」という信奉の核として、伝統的で慣習的な「母親」「妻」のイメージがそこで息づいているのである。

高校の校長先生である「妻」は、「夫」の上司であり、仕事をこなすキャリアウーマンとして描かれている。しかし「家庭」のシーンになれば、食事など家事を完璧にこなす「主婦」であり、「ごはんまだ、校長」という「夫」に、「家では校長はやめてください」と優しく語りかける「妻」なのである。

「母親」「妻」をめぐり安定した信奉が生きているがゆえに、このＣＭの「家庭」では副次的存在である「父親」＝「白い犬」の姿やしぐさ、語りは、安心して笑えるものとして私たちに伝わってくる。

「白い犬」は、伝統的な「お父さん＝おやじ」の姿を象徴し、見事にからかっている。しかし「白い犬」をおかしく思わせる背景には、現代的ではありながらも伝統的で慣習的な「母親」「妻」を見事に生きている女性がいることが幸せな「家庭」「家族」だ、という圧倒的な力が行使されているのである。

洗剤を誰がどこで使うの？

もう一つ、コマーシャルを読み解いてみよう。

いまはすでに放送されなくなっているが、ボールドという洗剤のコマーシャルがあった。これにも多くのバージョンがあったが、とても興味深いものだった。

最初のバージョン。男性の保育士が二人、洗濯物をたたんでいる。その周りを小さな子どもたちが元気よく駆け回っている。おそらく保育園の一室だろう。汚れが落ち、ふわふわに仕上がった洗濯物をたたみながら、微笑み合う男性たち。きれいにできてよかったと確認しているようだ。その後、ボールドという洗剤名が登場し、コマーシャルは終わる。

私は最初見たとき、驚いた。これまで洗濯用洗剤や食器用洗剤のコマーシャルは、すべて女性が登場し、その効用を語ってきたのだ。それが初めて洗剤のコマーシャルに女性が一切登場せず、男性が使用し、その効用を伝えようとしていたからだ。

温泉場で男性どうしが洗剤を使い、造園業で働いている男性たちが洗剤を使うなど、多くのバージョンがあったが、すべて複数の男性が登場し、この洗剤を使っていた。「洗濯という営み＝女性がすること」という私たちの「あたりまえ」は見事に、この作品では相対化されていたのである。その意味では新鮮であり、ある意味「常識」に亀裂をいれる可能性があるラディカルなコマーシャルだったといえるかもしれない。

しかし、一連のバージョンを見ながら、私は同時にあることに気がついた。

ボールドという洗剤を男性たちが使用し、その効用を語るとき、先にあげた「あたりまえ」の知は確かに揺らぐだろう。ただ、男性たちが洗剤を使用している場所は、彼らが普段暮らしている「家庭」ではなく、すべて彼らの「仕事」の場だったのだ。つまり男性たちはコマーシャルのなかで、つねにソトで「仕事」をしており、働いているという現実のなかで洗剤の意味が語られ続けていたのである。

確かに男性が「家庭」のソトで仕事をするとき、洗剤が必要な状況は多様に存在するだろう。コマーシャルを見る側に、男性どうしが洗剤を使用し、その効用を語り合うという設定がより〝自然に〟〝支障なく〟受け入れられるように、「仕事」という状況設定が一貫して採用されていたのである。

そう読み解いてみると、「男性どうしで洗濯用洗剤を使用する」という、一見ラディカルなように見えるこのコマーシャルも、「男性はソトで仕事をする」という伝統的な男女イメージ——男女をめぐる因習的なものの見方がその根底を支えているといえる。

洗剤を使用し、効用を語り合う男性どうし。その背後で「女はウチ」で家事にいそしむものだ、という伝統的な価値観が具体的に語られることはないが、見えないかたちで息づいているのである。

もしこのコマーシャルで、男性どうしが「家庭」で洗剤を使用し、きれいに仕上がった洗濯物を手にして喜び合うというバージョンが放送されていたら、非常に興味深い「あたりまえ」へのズラシや挑戦として解釈できただろう。

「女／男であること」をめぐる「あたりまえ」を批判する

テレビコマーシャルという、些細《ささい》な日常を構成するシーンにこだわって述べてきた。いま、コマーシャルだけでなく、ドラマや映画で描かれている男女や夫婦、家族のイメージを見るとき、伝統的で慣習的、もっといえば因習的な性別役割分担が望ましいということを伝えるようなものがあふれだしているように、私には思える。

加えて、フェミニズムやさまざまな解放運動の成果をからかい、無効化していこうとするバックラッシュの動きが、いま、目立っている。ジェンダーフリーに対抗する、本質主義的な発想にもとづく圧力・権力・暴力という問題がある。

世の中の秩序を根底から、それも緩やかに変えていきたいという動きに対して、自らの存在を揺るがされることへの恐れや脅えから、〝伝統的で変わらないもの〟を、その質を新たに検討することなく、まずは守り、維持するという動きがせめぎ合っているといえるのかもしれない。

もちろん、伝統的で慣習的な男女のありよう、あるべき性別の姿を望ましいと思っている人びとも多い。だからこそ、バックラッシュの動きに対しては、理論的な言説で対抗することも必須なのだが、それだけでは対抗する力は限られたものになるだろう。

なぜなら、伝統的で慣習的な男女の姿が望ましいと思うのは、まさにそうした信奉を生みだし続けている人びとによる、微細な実践があるからだ。だからこそ、その実践を詳細に解読し、批判・解体していくという、ジェンダーをめぐる日常性のフィールドワークを試行する必要があるのではないだろうか。

いま「女／男であること」の姿は、私たちの日常の次元で確実に変貌をきたしつつある。しかし同時にまた「女／男であること」をめぐる伝統的で慣習的なるもの――つまり〝変わらないもの〟〝変えることへのさまざまなためらいや抵抗〟が「いま、ここ」で力を行使しているのである。

第5章　日常性のフィールドワークをめぐる旅Ⅱ

改めて医者という存在を考えてみる

「患者さま」という言葉がいま、病院などで頻繁に使われている。ちょっと考えれば、「患者」と言い捨てるのではなく、丁寧に「さま」をつけているのだと解釈できる。しかし、この言葉は、やはり不思議なものだ。「お医者さま」という言葉は、よく使われるが、「患者さま」という言葉は、私たちが慣れ親しんでいる語彙のなかにはなかったはずだ。

「患者さま」という言葉がもつ意味はなんだろうか。

医療や診療という営みを考えるとき、医者―患者という関係が基本になる。そして、この関係は対等で平等なものではなく、医者の側にさまざまな力が凝縮した圧倒的に非対称な関係である。

この非対称な関係を例証するものとしてよくあげられるのが、診察室にある患者と医者が座るイスの違いだ。医者はゆったりとした肘《ひじ》かけがついたイスに座り、パソコンの画面を眺めている。他方、患者は、名前を呼ばれ、診察室に入ると、お尻がおさまる程度の小さな丸いイスに腰かけ、医者と向き合う。

丸いイスのほうが、患者の身体を簡単に回せて機能的だから、といえば、その通りなのだが、ゆったりと座れるイスとちょこんと腰かける丸イスが、指示する者―指示に従う者というふうに、医者がもつさまざまな力の行使と、それを受け取るだけの患者という関係を、象徴しているのである。

昔テレビのニュース番組で、医者と患者の間に立ち、両者の橋渡しをする人びとのことをとりあげていた。診断や治療をめぐって、医者と患者の間でより密接なコミュニケーションを実現させるのが彼らの仕事である。その番組のなかでキャスターは、彼らの仕事が、あたかも同じ高さにある二つの場所に橋を渡すかのような説明をしていた。視聴者も、そうした説明に納得するのが自然だといわんばかりの印象を受ける番組内容だった。

こうした説明の仕方は、明らかにおかしなレトリックにもとづいている。

医者と患者との関係をより密なものにするために、両者の間を調整するという営みは意義深いものだ。しかしそれは、圧倒的に高さが異なる場所に橋を架けるということであり、そのことで医師―患者の間にある落差や距離、傾斜などがすべてなくなるわけではないからだ。番組では、そうした問題が含まれた〝架橋〟であることを明らかにすべきだった。

「患者さま」という言葉が象徴しているものは何だろうか。

皮肉っぽくいえば、もうけを出してくれる対象にこびへつらい、丁寧に表現したものだろう。「お客さまは神様です」と同様に、「患者さまは（病気になるごとに、病院に貴重なお金を落としてくれる）神様です」というわけだ。テレビドラマなんかに出てくるような、戯画化された悪徳医師や悪徳病院であれば、この解釈が当てはまるかもしれないが……。

そうではなく、この言葉は、医療、診療という営みがもつ本質的なことをおさえたうえで、医療をする側が、患者に対する基本的な姿勢とは何かを考え、なんとかして生みだした表現であるように、私には思えるのだ。

医療＝他人に自分の身体を「預ける」こと？

では、医療、診療という営みがもつ本質とは何だろうか。

それは、病気やけがなどで自らの身体のどこかに問題が生じたとき、その部分の回復や治癒のために必要な作業の判定や、治癒のための行為を、医者という、自分の身体とは一切関係のない他者に「任せてしまう」ということである。

自分の身体や気持ちの問題については、まず自分でなんとか対応し、必要があれば、さらに処置し解決する――これは、私たちの日常にある「あたりまえ」な価値であり、自分という人間に対する重要な信奉であろう。しかし、自分でなんとかできないと判断すれば、他者にその処置を依頼せざるを得ない。医療や診療でいえば、その代表的な他者が「医者」である。簡単にいえば、私たちは病気やけがを治すにあたり、医者に自分の大切な身体の処置を「預けてしまう」のだ。

何をいっているのだ、医者に診てもらうというのはそういうことだ、「あたりまえ」なことをいうな、という声が聞こえてきそうだ。しかし、自分の身体を見ず知らずの他者に簡単に「預けてしまう」という行為は、改めて考えれば、とても驚くべきことではないだろうか。でも私たちは普段、驚くべきことをさも「あたりまえ」のように実行している。なぜかといえば、そこに医者という存在に対する「信頼」が息づいているからだろう。検査や薬を通して、自分の身体にさまざまな影響を与える営みをする主体に対して、「信頼」がなければ、営み自体成立しないだろう。

では、私たちはその「信頼」をどこから得て、どのように了解していくのだろうか。普段、私たちは「医者」への「信頼」をどのように語り、確認しているのだろうか。

ここで、私自身の経験をたどってみよう。かかりつけの町医者の例だ。

私はかつて、冬になり空気が乾燥してくると、よく熱を出した。冬の間、何度か医者の世話になっていた。熱が出て身体がだるく、普段とは明らかに異なる状態で、私は医者へ行く。

医者は、型通りの触診、問診をし、喉《のど》の奥の様子を確認し、カルテに何やら書き入れ、注射する必要があれば注射し、飲み薬を処方して、診察は終了する。いったい何をどのように調べられたのか、その内容はよくわからないままだ。

処方された薬を飲み、熱が下がるとほっとする。そこで「医者」への「信頼」は、私のなかでほぼ修正がないままに確認されていくだろう。

しかし、もし熱が下がらなかったら、どうだろうか。

もう一度医者へ行き、再度診察をしてもらい、「少し別の薬を出してみましょう」と、別の処方で薬をもらうかもしれない。

さて、もしそこで熱が下がったとして、私のなかにあるかかりつけの医者への「信頼」が揺らいだり、喪失したりするだろうか。

もちろんその場合もある。「もうあんなヤブのところには行かない」と怒る場合もあるだろう。しかしその場合と同じくらい「まぁ、あの医者はヤブだし、それは前からわかっているからね」と自分を納得させ、「ヤブである医者」に対する「信頼」をそのまま維持することも十分にあり得るだろう。

日常的な「医者」への「信頼」のありようは、確固として説明できるようなものではない。

いわばあいまいで、恣意的で、多様な「信頼」のありようを、私たちは維持し、「信頼」するという営みをさまざまに行っているのである。

とすれば、私たちは、医療、診療という現実を目の前にして、「医者」の何に注目し、どのような部分を気にして、「医者」を評価しているのだろうか。

改めて「医者」という存在を考えるとき、こうした問いが、浮上してくるのである。

「医者をすること」と「医者であること」

医者への「信頼」の根拠は何だろうか、と考えるとき、私たちは、専門的な知識の深さ、診断の的確さ、治療行為の正確さや迅速さなどが、重要な判断基準になると思うだろう。

この基準は「信頼」をつくりあげるうえで重要であることは間違いない。しかし、私たちは、こうした基準だけを頼りにして、日常、医者と向き合い、医療・診療という営みのなかで、自らの身体を医者に「預けている」のだろうか。

そのことを考えるうえで、医師の営みを「医者をすること」と「医者であること」という二つの側面で見ていこう。

「医者をすること」とは、先にあげた基準に見合う営みであり、病気の診断や手術などの医療行為を、専門的な知や経験的技量を背景にして実践することである。

他方、医者は単に医療的な行為を行っているだけではない。私たちと向き合うとき、ほぼ同時に「医者であること」をさまざまに実践しているのである。

何をいっているのかわかりづらいと思うので、例をあげよう。

名前を呼ばれ、診察室に入る。そこには医者が座っており、近くで看護師さんが何か準備をしている。「どうしましたか」と医者が私に語りかける瞬間、医者は私のことを「患者」としてカテゴリー化し、そのカテゴリー化に適したかたちで、私という他者に語りかけるのだ。

そのとき医者は、私にとって近所の知り合いでもないし、電車で袖触れ合うアカの他人でもなく、まぎれもなく「医者」として自らをもカテゴリー化し、私に語りかけているのだ。

私と医者のやりとりが続く。

「はい、また毎年の花粉の時期が来たので、薬をもらいに来ました」

「そう、今年は花粉の量が非常に多いそうですよ、早めに来られて正解ですね。ところで大学はいかがですか」

「まぁ、相変わらずですが、学生にいまいち覇気がなくて」

こうした私の日常生活とどこかでつながっているようなやりとりは、医者による医療行為の一環として了解できるだろうか。それは、落語のまくらのようなもので、ネタに入る前に必要なことであり、落語を語っていることの一部だ――医療行為の一環だ、という声が聞こえてきそうだが、私はそうは考えない。

医者は患者を前にして、専門的な知や技量にもとづく専門家として登場すると同時に、私と同じ時間や空間を生きている「もう一人の他者」としても――私と多くのことを共有しているはずの「あたりまえ」の人間の一人としても、患者の前に立ち現われるのである。

私という一人の他者を目の前にして、もう一人の人間であり、他者である存在が、「医者であること」を私に対してどのように示し、語るのか。そして、「患者」として自分の存在をカテゴリー化している私と、どのような相互行為を実践するなかで、専門的な営みとしての医療を進めるのか。

つまり、医者という存在を改めて考えるうえで、私は医者が、どのように「医者であること」を語り示しながら、「医者をすること」＝医療行為を実践しているのかが気になるのだ。

さらにいえば、医療行為だけでなく、彼らがほぼ無意識にさまざまに実践している「医者であること」――言いかえれば「医者性」「医者らしさ」を批判的に把握することが、医者と患者という関係を考えるうえで、重要ではないかと考えているのである。

薬害HIV感染被害問題調査での医者への聞き取り経験から

二〇〇二年から八年ほどかけて、私は研究仲間や被害当事者とともに、薬害HIV感染被害問題の医者、被害当事者、遺族の聞き取り調査を行ってきた。

医者や被害当事者の当時の経験や問題への思いが語られた重要な証言の記録は、分厚い報告書となっている（輸入血液製剤によるHIV感染問題調査研究委員会編『医師と患者のライフストーリー』第一分冊「論考編」、第二分冊「資料編　医師の語り」、第三分冊「資料編　患者・家族の語り」ネットワーク医療と人権、二〇〇九年）。

血液を凝固させる因子が欠けているか極端に少なく、出血しても血が固まりにくいという血友病。その治療剤として当時登場した非加熱の血液製剤があった。この製剤を使用すると劇的な効果があり、血友病患者にとっては、日常の暮らしが確保でき、将来も考えることができる素晴らしい福音だったという。

しかし、その製剤に、当時未知のウィルスであったHIVが混入し、製剤を使用した患者のなかでHIV感染者が出て、当時は効果的な治療法もないままに、エイズを発症した人は亡くなっていった。これが薬害ＨＩＶ感染被害問題だ。リスクを認知しながらも製剤を認可をしていた国家、厚生省（当時）、製剤を輸入し販売した製薬会社の責任などは、すでに訴訟で問われている。

私たち社会学研究者は、薬害ＨＩＶ問題訴訟の原告だった被害当事者から、ある調査の要請を受けた。それは医者への聞き取りだ。

ＨＩＶというウィルスの存在すらわからず、ましてや効果的な治療法などが見出せていない当時、血友病治療のために血液製剤を使用した結果、自分の患者がＨＩＶに感染したことを、患者自身にどのように語ったのか、また、患者が感染してしまったという事実を、医者自身はどのように考え、受けとめたのか。さらに、ＨＩＶ問題が明確になった後、患者の治療をどのように行い、患者との関係をどのようにつくり、その関係が保たれているのかそれとも切れてしまっているのか、等々。

この問題をめぐり、もう一人の当事者的な存在として、医者がどのような経験をし、思いや考えを抱いたのかを、被害当事者は知りたいと思ったのだ。

この要請の背後にある彼らの思いとはなんだろうか。

幼いころからよくしてもらった、あの先生は、ＨＩＶ感染の危険性や、当時の自分に対する治療についてどう考えていたのか。薬害ＨＩＶという問題がマスコミで騒がれた後、当時の自分の行為をどのように考え直して、いま生きているのだろうか——。

医者という存在が、医療という専門的行為を行う者としてだけではなく、一人の人間として——患者と向き合うもう一人の他者として、この問題にどのように直面し、当時何を考え、感じ、その後、どのように考え、感じたのか。こういうことを、感染被害当事者は医者の口から聞きたかったのではないだろうか。

多様な医者の反応や語り

私たちは、被害当事者の協力を得ながら、多くの医者への聞き取り調査を進めた。調査拒否や調査依頼の無視など、やはり医者の反応は多様だった。

調査の趣旨を書き、協力を依頼する手紙を送り、その後直接連絡し、聞き取り承諾の確認をする。社会調査をするうえでの基本的な手続きだが、そこでさまざまな反応が医者からあった。

多くの医者は調査を承諾してくれた。ただ彼らにとって聞き取りという営みは初めてのことだろう。なぜ昔のことをいま聞こうとするのか、当時の資料を調べたほうが確かではないか。聞き取りをして、その語りをどのように使うのか、そもそも語りや記憶などはあいまいなもので、客観的な証拠とはいえないのでは、など多くの問いが調査の冒頭になされ、私たちは答えるのに必死だった。でも、医者が社会科学の調査をどのように認識しているのかがわかり、これもまた興味深いものだった。

調査依頼に対して、もう自分のなかでは、この問題は解決しているので、とある短歌を自らの心境になぞらえ、簡潔な断りの手紙をよこした医者もいた。あるいは、この問題が起って以降、私がどのような医療を実践してきたのか、そのことを見てもらえれば、私が何を考えているかがわかるので、聞き取りには応じない、という医者もいた。

私は、その解決の仕方や解決にいたる考えや思いを、短歌に託した心境の詳細やその深いところを知りたいし、語ってほしいと思った。しかし、拒否された以上、無理強いはできない。

聞き取りに応じてくれた多くの医者は、当時どのような認識で治療を行っていたのかなど、専門的な治療に関わる考えや意見など「医者をすること」は語ってくれた。しかし、自分がどのような感じで患者に対応し、具体的にどのように患者と語り合ったのか、もっといえば、この問題について患者と語り合ったのか、語り合ったとしたら、そのとき自分は医者としてだけでなく、その前に一人の人間として、どう考え、感じていたのか——こういうことを語ってくれる医者は極めて少なかった。

医療という営みは、「医者をすること」が中心で、それさえ確実に実践していれば、自分という存在を「患者」との関係性や医療をめぐる現実との関わりのなかで、反省的に捉え返さなくてもいいものなのだろうか。

私には、そうは思えないのだ。

先に述べたように、そして本書の中心的なテーマでもあるが、やはり専門性という世界に生きると同時に、医者もまた「あたりまえ」の日常を生きるもう一人の他者であるはずだ。とすれば、もう一人の他者が、目の前にいる「患者」に対して、他者として向き合い、語り合い、自らの存在の意味を確実に相手に提示しているはずである。

「やっぱり、自分が一番悪いなぁと思ったんですよ」

そのことを考えられる例外的な医者がいた。

私はその医者の聞き取りを担当したのだが、調査の依頼をし、了承を得、調査メンバーとともに仕事場を訪れ、挨拶ののち調査の趣旨を確認し、聞き取りを始めようとした瞬間、驚かされてしまった。

「やっぱり、自分が一番悪いなぁと思いますよ。製剤を投与したのは私だし、やっぱり私の責任です」と、穏やかに語りはじめたからだ。

多くの医者は「当時、ＨＩＶが混入していた血液製剤は、日本政府が正式に使用認可していたもので、その意味で正しい薬だ。だからそれを使用することは、結果としてＨＩＶに感染させてしまう危険性があり、道義的な責任は感じるものの、法的責任はない。それに当時は海外からのＨＩＶに関する情報やリスクに関する情報も圧倒的に不十分だったし、血液製剤の劇的な効果を考えれば、その薬を使用するのは、自然で当然な治療だ」というように語り、自らの責任や自らが感じている心境などを率直に語りだすことはまずなかったからだ。

もちろん彼らは、自らの責任を回避しようとしてそう語ったのではない。当時のことを、当時の医療の現実などを、誠実に反省し、語っていた。

しかし「やっぱり自分が悪い」と言ったこの医者の語りは、他の医者とはどこか次元が異なるように感じたのだ。確かに、医者としての当時の処置――つまり「医者をすること」の次元で反省をしているのだが、それ以上に人間として、「患者」と向き合うもう一人の他者として、「医者であること」をも反省しながら、自らの当時の行為の意味を語ってくれたと感じたのである。

自分は「患者」を前にして「医者」として自分の存在を示している。「患者」は、目の前にいる自分を「医者」として「信頼」してくれている。だからこそ、当時リスクが十分に予期できなかったそれなりの理由があったとしても、「医者である」自分が、「患者」であるあなたに製剤を投与し、HIVに感染させたという事実は、揺るぎないものだ。その点において、私は「やっぱり悪かった」のだと。

その医者は、当時の状況や、その後現在までのことを、丁寧に語ってくれた。

そのとき並行して、その医者の患者でHIVに感染した被害当事者からも聞き取りをしていたのだが、二人の語りや、語りに登場するさまざまな出来事への意味づけや評価などが、ほぼ一致していた。彼らは、HIV感染被害を経験した後も、医者と患者として良好な関係にあり、医者はその人の治療を続けているのである。

私の心に印象深く残っている、その患者の語りがある。

それは「HIVに感染した後、医者は、なんとか進行しないようにと、さまざまな治療法や情報を探し、教えてくれた。いま考えると、そうした治療法はほとんど役に立っていないのだが」というものだ。

患者の語りには、医者を非難する調子もないし、むしろ、わからないなりによくがんばってくれたということが伝わってくるような、落ちついた優しい語りだった。

この語りから私は、もう一人の他者、そして人間として、相手の「医者性」「医者であること」を了解し「信頼」したうえで、その医者の医療行為を評価しているのだという思いを感じ取ることができた。

「医者性」「医者らしさ」とは何だろうか。

それは「患者」に対する尊厳——その日常的表現が「患者さま」なのだろうか——といった、道徳的で倫理的な次元だけで語られるものではないだろう。もっと日常的で世俗的な次元で、私たちが、医者をどのように了解しているのかという営みのなかでつくりあげられる何かである。

医者からすれば、ただ医療行為をするだけでなく、「医者であること」を普段の患者とのやりとりや相互行為で実践し続け、そのなかで確認される肯定的な意味づけが、人間としての医者の「信頼」感を創造していくのではないだろうか。

私たちは「医者をすること」と「医者であること」のどちらの姿をも、普段、診療場面や医療をめぐる現実のなかで確認しながら、医者への「信頼」をつくったり、失ったりしているのである。

地域猫活動

さて、しばらくまったく異なるテーマで考えてみよう。

それは猫という不可思議な存在についてだ。

ここで考えたいのは、メディアでの猫イメージというより、私たちが普段暮らしている地域と日常性を考える手がかりとしての猫だ。

なぜこんなことを考えるのか。それは、ここ数年、私のゼミで地域猫に関する調査の報告を学生たちから聞くようになったからだ。

いま私が勤めている日本大学文理学部社会学科には、二年生必修で社会学演習という科目がある。専任と非常勤が担当し、それぞれ多様なテーマを設定し、社会学することのおもしろさを学生に体験・実感・勉強してもらうための授業だ。そこで、ここ数年、とても興味深い調査実践が行われている。それが「地域猫活動」をめぐる調査だ。

木下征彦先生の指導のもと、演習に参加した学生全員が手分けして資料収集、参与観察、インタビューなどを行い、毎年興味深い調査報告書が出されているのだ。

私のゼミで、熱心に地域猫活動をめぐる調査を報告する学生の問題関心を聞きながら、ここには地域と日常性を考えるうえで、なかなかおもしろい問題が孕まれていると感じた。

その問題について考える前に、まずは調査報告書『谷中は猫の楽園か――「地域猫」にみる人と猫の幸せ　社会学演習共同調査報告書』（日本大学文理学部社会学科、二〇一二年）をもとに、地域猫活動とは何なのかを少し話しておこう。

野良猫から地域猫へ

地域猫という発想や活動が最初に起こったのは、横浜市磯子区だという。

一九八〇年ごろ、獣医であったある人物が保健所に配属され、野良犬や野良猫が地域を徘《はい》徊《かい》する日常を経験した。まず野良犬の管理を進めた結果、地域住民の注目は野良犬から野良猫へ移っていったという。そのころから野良猫のフンに関する地域住民の苦情が目立つようになり、野良猫をいかに管理するのかという「問題」が浮上してきたのだ。

猫をどのように管理すれば、地域住民も苦情を訴えることなく日常を過ごすことができるだろうか。仮に、街を徘徊している猫をすべて捕まえて殺処分したとすると、犬では考えられなかった問題が起きることになる。

犬の場合、誰かが飼っているということは、たとえば首輪などによって明確にわかり、野良犬との区別がつきやすい。しかし猫の場合、確かに首輪をつけている猫もいるが、飼い猫かそうでないかは、なかなかわかりづらいのだ。とすれば、飼い猫が捕まえられ、殺処分されてしまうという問題が起きてもおかしくない。

地域猫を発想した人物は、野良猫問題が起きるのは、地域住民がもっている中途半端な猫愛護意識のためだという。

通りにいる猫を見かけると、かわいそうだから、あるいはかわいいからという理由で、思わずエサをやってしまう。その猫を生かすための安定した行動としてのエサやりではない。その場その場の気まぐれの愛護意識の発露であり、ネコがそのとき空腹であるかどうかなどは関係ない。その結果、食べ残しのエサが腐敗したりして臭いが問題となり、生活環境をめぐるトラブルのもととなってしまう。

もう一つの問題は、結果的に飼うのに飽きたり、猫の子どもが増えたりすると、猫を捨ててしまう人がいるということだ。

仮に、私たちがそれまで飼っていた犬と猫を捨てるとして、どちらの行為により抵抗を感じるだろうか。どちらも問題であることは間違いないが、おそらく猫を捨てる行為のほうが、抵抗を感じることが少ないのではないだろうか。ここに、私たちが日常であまり意識することなく抱いている、猫をめぐる了解の仕方が潜んでいるように思う。

どのようにしたら強制的に管理することなく、猫も人も地域で暮らすことができるのだろうか。その人物は、当時ある団地で行われていた活動（団地を徘徊する猫をそれ以上増やさないで、猫たちが生きられるように、猫バザーを開き、その収益で猫の不妊手術をしていた）に注目し、そうした実践を手がかりに地域猫活動を発想していった。

地域住民に対するシンポジウムを開き、動物愛護と生活環境問題の解決をめざし、「人と猫の共生」について合意形成をしていったのだ。

結果として磯子区では、地域猫に関するガイドラインに「猫は排除するのではなく、命あるものとして」「飼い主のいない猫の数を減らしていくために」「猫の問題を地域の問題として、住民と行政が協働して」「猫が好きでない人や猫を飼っていない人の立場を尊重して」、この問題に取り組むと明示されるようになった（『磯子区猫の飼育ガイドライン「地域猫」対策』）。

その後、全国的にさまざまな自治体で「地域猫」「公園ねこ」「街ねこ」など名称は異なるが、地域猫対策や活動が、地域社会づくりのテーマの一つとして位置づけられているという。報告書では、東京都台東区谷中という、「猫の町」として有名な場所を詳細に調査し、どのように地域で猫が生かされているのか、人間と猫の共生ができていると言われるが、本当にそうだろうか、などといった関心から、地域猫の実際を検証し、そこにはさまざまな未解決の問題が息づいていること、けっして〝人と猫の幸せ〟が達成されているわけではないことを明らかにしている。

報告書の内容自体は、地域社会を考えていくうえでも興味深い。また、地域猫活動がもつ問題性を論じることも、とても興味深いものだ。

たとえば、地域猫活動の前提であり重要な核心は、それ以上猫を増やさないということだ。だからこそ、猫に承諾なく不妊手術をするのだし、手術を受けた印である耳カット（耳の一部をカットすること）のある猫を見れば、人びとは、あぁ地域猫だと了解し、安心してエサなどを与えることができる。

しかし、動物愛護という観点からすれば、この核心的行為は当然批判されるものだろう。人と猫の共生をうたいながら、実際は地域で暮らす人々にとって都合のいいかたちで猫は生きている。それはあくまで人から発想され、猫に「強制された」共生のあり方ではないかというわけだ。

猫という存在がもつ越境性・他者性・地域性

さて、学生たちの報告や議論を聞き、報告書などを読み、私はあることが気になった。地域でどのようにしたら猫が生かせるのか、その活動や対策を背後で支える理念や理想などは了解できる。でもなぜ猫なのだろうか。なぜ地域と猫なのだろうか。

確かに、猫という動物と人間との関係性の問題ではあるが、その議論からは〝猫という存在〟自体がもつ意味がすっぽりと抜け落ちているように感じられたのだ。言い方を変えれば、そうした意味についての了解は、議論や活動にとって「あたりまえ」であり、問う必要のない前提とされているのではないかと感じたのだ。

私は、地域猫活動の報告を聞き、猫という存在がもつ多様なおもしろさを思わずにはいられなかった。そのことについて少し書いておきたい。

まず思ったのが、猫がもつ人間に対するリスクの緩さということだ。

野良犬対策の基本は、狂犬病がもつリスクへの対応だ。猫は、私たちにとってそのようなリスクが高い病気を媒介する存在ではないだろう。また、大型犬がもっているような暴力性も、猫には当てはまらないだろう。

また、猫は人間の所有物だろうか。仮に飼い猫だとしても、猫そのものは、飼い主の自宅や庭など、個人が所有している空間でのみ生きている存在なのだろうか。

そうではないだろう。部屋のなかにいると思えば、プライベートな空間をいともやすやすと超えて、他者の生活空間や公共空間に移動していく存在こそが、猫ではないだろうか。鎖でつながれている猫というのは、まず聞いたことがない。

つまり猫は、人間にとってのプライベートな領域のみで生きる存在ではない。それは、仮に個人が所有し、そのしるしを猫に刻んでいるとしても、軽々と個人の空間を越境し、他者の生活空間や公共空間を往還する存在なのだ。

言い方を変えれば、猫はつねに人びとの生活世界や私的領域に外から闖入し、侵害する危険性をもつ存在なのだ。ただその危険性は緩やかなものであり、私たちの日常を根底から覆すようなものではない。とすれば、猫が自分の生活世界や私的領域を恣意的に横断していくとしても、それは許される範囲の日常の攪乱だといえるだろう。

いわば猫は、私たちの日常において、私的なる部分と公的なる部分の越境を繰り返す他者性をもつ存在といえるのではないだろうか。

そのうえで、動物としての猫がもつ活動範囲を考えてみると、実はそれほど大きな範囲ではない。谷中の墓地という一定の広さをもつ空間や、江の島という限られた空間など、私たちが普段「地域」として意識し、生きている空間のサイズにほぼ当てはまってしまうだろう。

つまり、猫とは、私たちが日常生活するサイズの空間である「地域」と、ほぼ重なる程度の活動範囲で動き回る存在であり、仮に個人が飼っているとしても、その個人のプライベートな空間や領域だけで生きている存在ではない。

猫はつねに私的生活空間を軽やかに横断し、公的な領域・空間も自由に行き来する。ただ、そうした自在な移動は、個人の私的な生活空間へのゆゆしき侵害、侵入を引き起こすことはまずなく、迷惑感は生じるものの、それだけで猫という存在をすべて否定し、排除しきれるものではない。

また、さらにいえば、飼い犬についてよくいわれるような飼い主への忠誠心という言葉は、猫には当てはまりづらい。どこかで人間の信頼を裏切り、ひょうひょうとして、実際何を考えているのかもよくわからないままに、私たちの日常生活空間を移動する、〝あいまいな他在〟として、私たちの周辺で生きているといえるのではないだろうか。

とすれば、地域猫という発想は、確かに野良猫対策から生まれたものかもしれないが、個人の所有というところからはずれて生きている猫は、もともと〝地域性〟を体現している存在であり、この発想は、まさに猫という存在がもつ本質に由来するものといえるのではないだろうか。

猫が地域で生かされているとして、その〝適切なかたち〟とはどのようなものだろうか。地域のなかで、お互い私的な生活空間を確保して生きている他者どうしとして普段出会い、生きている私たちのありようや、関係の紡ぎ方を考え直す興味深い手がかりとして――言い方を変えれば〝もう一つの他在〟として、地域猫の姿を批判的に捉え、地域猫活動の意味を反省的に考えることができるのではないか。

学生の話だと、地域猫活動が盛んなところでは、他の場所に比べて、他者や他者が暮らしている日常への人びとの関心度がより高いという。統計的なデータを示されたわけでもないので、それが本当かどうかはわからないが、地域で生かされ、そこら辺を移動している猫への日常的な注意や関心がはらわれることを通して、地域で暮らしている他の人びとや、地域の現実やさまざまな問題への関心が醸成されていく可能性は、私にも想像できる。

地域で猫のことを考えるとしても、それは地域社会の存続にとって本質的な問題ではないだろう。でも、本質的な問題ではないからこそ、猫という〝他在〟の意味を考えることが、その地域の日常を緩やかに、のんびりと、あいまいな感じで考え直すことができる重要な機会を、私たちに提供してくれているのではないかと思う。この〝緩やかさ、のんびりさ〟という余裕は、実は地域を考えるうえで、大切な要件ではないだろうか。

何気ない違和感とまっすぐ向き合ってみる

さて、前章からリア充という言葉、スマホというメディア、障害者というカテゴリー化、コマーシャルに凝縮されている家族やジェンダーイメージ、医者という存在、猫がもつ越境性や他者性について、あれこれと考えてみた。

これらのトピックは一見、何の関係もないように見える。しかしいずれも私が違和感を覚え、その現象をめぐって日常性がどのように構築され、そこに考えるべき何かが含まれているのだろうかと気になったものばかりだ。

そして、違和感を覚えた核心は、それぞれの言葉や現象において、私が他者とどのように出会うのか、私が他者を理解し、その存在を了解するうえで、こうした現象は私にどのような力や効果を及ぼしてくれているのだろうか、という点だった。

日常性を考えるもっとも確かな準拠点。それは私自身という存在である。それは「いま、ここ」で血の流れる肉体をもち、何かにぶつかれば痛いと感じる存在である。また「いま、ここ」で自分とは異なる他者や他在から感じ取れるさまざまな心や精神的な何か、多様な意味と響き合おうとする存在なのだ。

言いかえれば、私という存在は、「いま、ここ」を生き続けることで、否応なく、圧倒的で多様な他者という存在やさまざまに異なる現実と出会い、それらとなんらかのかたちで交信せざるを得ないのである。

そのとき、私は具体的な存在として目の前に現われる他者ともっとつながりたいと思うかもしれないし、なんとか他者からは遠ざかりたいと思うかもしれない。圧倒的な存在として無数の他者が自分の周辺に密着していたとしても、ほぼ無意識にその存在を何もないかのように〝無視〟して、やりすごしていることもあるだろう。あるいは、手元にあるメディアからあふれだす無数の恣意的な情報に呪縛され、「いま、ここ」での私の姿や、私が他者にどのような影響を与えているのかが、感じ取れなくなっているときもあるだろう。

私が他者や多様な他在と「いま、ここ」で出会い、交信できる機会。そこは他者と固有につながり、私たちだけの関係性を醸成できる豊かな場であるとともに、他者との関係を遮断し、他者を自らの日常生活から排除し、その存在を〝意味のないもの、なきもの〟としてしまう危険性も同時に生じ得る場でもあるのだ。

つねに他者とのつながりや、他者をめぐる現実理解が脆《もろ》くも崩れ去ってしまうリスクが息づいている「いま、ここ」にあって、私は、どのような「方法」で、リスクと向き合っていけばいいのだろうか。

何気ない違和感とまっすぐに向き合ってみる――。日常性のフィールドワークを考え実践するうえで、基本的かつ有効な「方法」は、これだと思う。これまであれこれ考えてきたトピックについても、その度合いの差こそあるが、私が違和感を覚えたものばかりなのである。

違和感を忘れず、反芻してみること

ただ、私たちは日常を忙しく生きざるを得ず、ある瞬間覚えた違和感もすぐに忘れ去るし、その余韻に何があるのかを確かめることなく、やりすごしてしまう。

雨が降っていた朝の通勤での出来事を思いだす。

電車に乗ると、四人がけの席で一人分座れる余地があった。私は少しくたびれていたので、「すみません」と声をかけ、真ん中に座っている男性に少し横へずれてもらおうと手を出したところ、膝に手が少し触れてしまった。雑誌を一心に読んでいた男性は驚いて顔をあげ、憤然として横にずれた。私はあいたところへ座ったが、それからしばらくして、男性から私に対する怒りや罵倒が始まったのだ。

聞いていると、どうやらいきなり自分の膝に触れてどかせようとしたことが、失礼じゃないかと怒っているようだった。私はきちんと「すみません」と声かけしたし、なんでそんなに怒っているのだろうと逆に怒りを覚えた。男性は私を許せないといわんばかりで、何度も足をふみならし、もっていた傘で電車の床をドンドンと叩いていた。

私はそのとき、妙に冷静で醒めていた。何を言っているのだ。あんたがど真ん中にどかっと座り二人分の場所を占有していたこと自体が、迷惑そのものじゃないかと私も怒っていた。だが、それはまったく声に出さず、相手の顔を見つめながら、「はぁ、どうもすみませんね」「いやいや、すみませんね」とにこやかに対応した。

あぁ、もし私が少し酒でも飲んでいたら、相手の怒りに対して反論し、ケンカになっていただろうな。電車内でのトラブルはこうした些細なきっかけから始まるんだな。ケンカがエスカレートして、傘で相手を刺したりする傷害事件が起きるのも、こうした些細なきっかけからだろうな――「すみませんね」を言いながら、冷静に考えていた。

しばらくして怒りがおさまったのか、男性はブツブツ言いながら、また雑誌に目をやりはじめた。

なぜ男性がそんなにも怒りをぶつけてきたのか。強烈な違和感を覚えたことは確かだ。大学がある駅に着くまで、なぜだろうと考えていたが、いま一度状況を観察して、なんとなく腑に落ちた。四人がけの席の両端に座っていた二人は、妙におとなしく、それぞれが思いっきり端に密着するように座っていた。そして、ど真ん中に男性が悠然と座り、雑誌を読みふけっていたのだ。

あぁ、そうか。私が座ろうとする以前に、何かすでにトラブルがあったのかもしれない。あるいは、何か言ったりしたりすれば、トラブルになるだろうと、端の二人や周囲の人びとは、男性から距離をとっていたのだ――。

考えてみれば、私が電車に乗りこむまで、男性の両側に中途半端な空間があいたままだったのも変な話だ。要するに男性は、四人がけなどという常識的な道徳など、はなから守る意思のない〝迷惑な〟乗客だったのだろう。

私はこの経験の後、四人がけの席で三人目がどのように座っているかを確認してから、あいている場所に座るようにしている。また、〝自分の横にはもう一人座れますよ〟ということがわかるように、けっしてど真ん中に座ったりもしない。

些細なくだらない出来事かもしれない。しかし、この出来事は、通勤電車での日常や、狭い限られた空間で他者とどのようにつながるのが〝適切〟かを考えることができる、他者との出会いだった。そして、そこで覚えた違和感は、日常性を考え直すことにつながる、十分に興味深いものだった。

他者との〝適切な〟距離や〝適切な〟つながりのあり方

もう一つ、些細な経験を述べておこう。かつて新大阪駅近くにあった定宿での経験だ。関西に所用があるときによく使うホテルで、料金は安いが、トイレと風呂は共同だ。

私は大きな風呂にゆったりと足をのばしてつかるのが大好きで、できるだけ共同の大浴場があるホテルを探しては利用している。そこは、脱衣用の棚が六つあり、風呂場は六人が入ればほぼいっぱいのスペースだ。サウナも二人入ればいっぱいの狭さだ。

先日、夜の一〇時すぎに、風呂に入ろうとすると、先客が五人いた。そのうち四人が外国人で、彼らは談笑しながら、三人が湯船につかり、一人は身体を洗っていた。言葉は英語ではなくおそらくスペイン語だったと思うが、私にはさっぱり理解できなかった。

あぁ、料金が安いから彼らも利用しているのだなと思いながら、彼らから少し離れたところで湯船につかった。しばらくすると、身体を洗っていた男性も湯船に入ってきた。それも、私と彼ら三人の間の狭い空間に、何の断りもなくすっと入ってきたのだ。

私の感覚からすれば、この空間は、一人の人が割りこんで入れるようなものではなく、同じ湯船を使う他者どうしが了解する、身体と身体が触れ合うことがない、適切な〝距離〟だったと思う。

湯船につかっている、のんびりとした状況が、不意に侵されたような感覚に陥り、瞬間、むっとしてしまったことは事実だ。私は早々と湯船からあがり、身体を洗いはじめた。

別に湯船には、お互い適切な〝距離〟を確保して、楽しく入りましょう、というような規則もないし、そうしたメッセージが脱衣場に書かれているわけでもない。

私はむっとした感覚を覚えつつ、共同風呂での他者どうしの〝適切な〟距離感覚とは何だろうか、異文化を生きる他者どうしが日常生活場面を共有するとき、どのような差異があり、どのような違和感が生じてしまうのだろうか、などということを、あれこれ考えていた。

いずれにせよ、日常において、さまざまな場面やかたちで他者や他在と〝ともに在る〟とき、そこには、さまざまな違和感が生じる可能性がある。その違和感にまっすぐ向き合い、その背後に何が息づいているのかを執拗に考えることが、日常性のフィールドワークを進めるうえでの、基本的な「方法」なのである。

第6章　日常生活批判のフィールドワークへ

さてこれまで、日常性のフィールドワークという営みについて、述べてきた。それは社会学という専門的な学的実践に関わる主張であるとともに、私たちが日常、生活する者、もう一人の他者として、多くの他者とともに生きているさまざまな実践に関わるものでもあるのだ。

すでに述べてきたように、エスノメソドロジーというものの見方によれば、専門的な社会学を学んだ者だけが社会学研究という営みを独占できるのではない。

むしろ、私たち一人ひとりが「いま、ここ」を原点として生きているなかで、すでにさまざまな社会学的な発想や営みを行っている。そのような「私たちの社会学（folk sociology）」という営み自体を、どのように反省的にまなざし、そこにどのような問題があり、その問題に対して私たちはどのように向き合うのか、あるいは自らの生活実践を変革し、問題に立ち向かうのか、といったことを考えていく営みが、私が考える日常性のフィールドワークの姿だと言えよう。

本章では最後に、日常性のフィールドワークを、自らが生きていく日常生活を批判する実践とするうえで、確認すべき原点をいくつかまとめておきたい。

私という存在・私の身体が「いま、ここ」を〝生きて在る〟ということ

A・シュッツの日常生活世界論が明らかにしてくれたこと。それは、私たちが「いま、ここ」という現在を基点として、多層で多次元的な意味の世界を構成し、そこでさまざまなかたちで他者と出会い、他者を認知し、他者を体験しているという事実だ。

そして、私自身の日常生活という現実を考える原点となるのが、「いま、ここ」を〝生きて在る〟私という存在であり、感情や思考に満ちた私という身体なのである。「いま、ここ」を〝生きて在る〟私という存在が、何をどのように経験し、感じているのか。そのありようをきちんと見直す作業が一つの原点なのだ。

確かに私が子どものころの生活実感と現代とでは、思いっきり異質な現実が広がりつつある。スマホという至便のメディアが常態化している日常——瞬時に世界中の情報にアクセスでき、インターネットを介して、多くの他者から意見や考えなどを受け取れ、また多くの他者に対して発信できる。

そこでは現実に多くの「孔」があき、「いま、ここ」で私たちが享受可能な情報があふれ返る。それらは等しく価値あるものとして「いま、ここ」という現在に侵入し、私たちはそ

れらを適宜とりかえながら、日々を生きている。端末が手のひらにおさまり、あたかも人間がサイボーグ化しつつあるかのような印象を受けてしまう。最近は身につけることができる端末まで開発されつつあり、少し前のSF映画のような状況が、今後も確実に日常生活のなかで増殖していくだろう。

しかし、こうした変化が急速に進展していっても、他方でおそらくは変わらないであろう事実がある。それは、私と他者が出会い、〈ひと〉として向き合い、関わり、お互いに相手に注いだ思いやさまざまな力の跡を確認し合うのは、身体的な存在が対峙し、衝突し合う「いま、ここ」という現在だということだ。

たとえば、恋愛映画やドラマなどでも、スマホはストーリーを展開させるうえで必須のアイテムとなっているが、主人公たちの恋愛感情が盛り上がり、お互いの愛情が確認されるのは、二人が見つめ合い、しっかり抱擁し合うシーン――お互いの〝熱〟を、「いま、ここ」で身体が触れ合うことで確認するシーンなのである。

また別れのシーンとして、昔からの定番でいまもなお生きているのが、駅での別れだろう。有名な映画では、ほぼ必ずこういうシーンが登場する。

なぜ駅での別れは、見る側にことさら印象深く伝わってくるのだろうか。相手が列車に乗り、ホームで見送る人がいる。発車のベルが鳴り、列車のドアが閉まる。それはあたかも見つめ合う二人の思いを断ち切る壁のようだが、実際に「いま、ここ」で二人の身体を分断していく壁でもあるからこそ、切なく哀しく感じられるのだろう。

そして列車がゆっくりと動きだす。ホームを走って列車を追うとしても、それはホームの端までの、ほんのひとときのあがきであり抵抗だろう。その姿が映画を見る側に、残された人の思いを伝えるのだ。なぜそうした思いが伝わるのかといえば、これもまた実際に、走り去る列車に乗った一人とホームに残された一人の物理的な距離が、「いま、ここ」で確実に離れていくことが実感できるからだろう。

つまり、私たちは、愛情の確認や別れの哀しさなどを、いまもなお「いま、ここ」での身体の触れ合いや物理的な隔てを通して確認するのだ。また、そのような現実として、映画などでも描かれ、語られているのである。

もし、スマホが常態化させている多孔化した現実に依拠し、こうしたシーンを描くとすれば、どうなるだろうか。

相手からスマホに届いた別れのメッセージを見ながら涙し、雑踏のなかを歩き去っていく――。こんなラストシーンがあり得るかもしれないが、それをスクリーンで見て、私たちは感動するだろうか。このあたりは、私自身まだよくわからないところだ。

学部の講義などでも、学生によくこうしたことを尋ねている。スマホなどのメディアを経由した親密な関係性と、「いま、ここ」で相手と向き合うことで醸成される親密さとでは、彼らにとってどちらが意味深いのか。だが、このことについて明快な返答をしてくれる学生はいない。加えて、どちらも地続き上の関係にあり、もっといえば、どちらも等価である、と表明してくれる学生もいないのだ。

もしそのような人びとが今後増えてくるとすれば、「いま、ここ」で私やあなたが〝生きて在る〟という事実や、その現在こそが私たちの日常を考える基点であり原点であるという主張は変容していくだろう。

「いま、ここ」に息づいている「せめぎあい」「抗い」

日常生活を批判していくうえで、「いま、ここ」で〝生きて在る〟存在として、私やあなたのありようを注視する、もう一つの理由。

それは、「いま、ここ」にこそ、私たちが微細に実践している〈生〉の次元でのさまざまな「せめぎあい」や「抗い」があるからだ。

たとえば、何気ない日々を過ごしているように見えても、家族の日常は、親や子ども、きょうだいなどがほぼ無意識のうちに、あるいは意識的につくりあげた、さまざまな「せめぎあい」や「葛藤」「抗い」の微細な実践で満ちている。

さらにいえば、問題などまったくないと家族のメンバー全員が認める〝しあわせそう〟な家庭の日常でも、〝しあわせそう〟をそれぞれが確認し、その空気を維持するためのさまざまな「思いやり」の実践が「いま、ここ」に満ちているだろう。

さらに、そうした実践を詳細に見つめていくと、その空気の背後に、実はもっと深い「家族」の関係性維持をめぐる問題やリスクが息づいていることに気づくこともあるだろう。

実は家族全員が、解決すべき深い問題がそこにあり、問題にまっすぐ立ち向かえば、家族間でさまざまな葛藤や軋轢《あつれき》、せめぎあいが生じてしまうことがわかっているがゆえに、それをなんとかして〝回避〟するためのその場しのぎの〝しあわせそう〟の実践であり、〝家庭の平安〟づくりだった、ということもあり得る。

何か一昔前に流行ったテレビドラマのようだが、私が確認したいのは、日常、私たちにとって、あまりにも「あたりまえ」であるはずの「家族をすること」「家庭の日常を生きること」という営みのなかにも、私たちが他者と出会い、向き合い、関係を創造していくさまざまな問題を読み解ける手がかりが息づいている、ということなのである。

私たちは、「リアル」を充実させたいという欲望をもっている。この欲望は、何の支障もなく、スムーズに充実した「リアル」に到達したいという望みを内包しつつも、「リアル」を充実させるには、さまざまな「せめぎあい」「葛藤」「抗い」と出会い、それらと向き合い、〝闘争〟せざるを得ない、という思いともリンクしているだろう。

だからこそ、「いま、ここ」という現在において、私という存在がいかにして他者とともに〝在る〟のかを見つめ直すことは、日常生活を送るうえで何とせめぎあうべきかを検討できる原点となる。

すでに何度も述べてきたように、私たちは、日常において、生身の他者と出会い、つながることができる。ただその出会いやつながりは、何もしないで達成されるのではない。日常性を微細につくりあげている私たちの実践を見つめ直し、出会いやつながりを難しくしたり、歪めたりしている何かを見つけだし、変えていく営みを通して初めて達成される。

この営みは、私たちが〝生きて在る〟日常生活世界を批判し、変革していく基本であり、日常性のフィールドワークがめざすものである。

そして、こうした基本は、ネット上のヴァーチャルな世界のなかでは、おそらくは貫徹できない、「いま、ここ」を起点とした営みなのである。

他者を理解するために用いる実践的知の〝効用〟を疑うこと

日常生活を批判する実践として、もう一つの原点は、他者を理解するために私たちが用いている実践的知の〝効用〟を疑い、見直すことだ。

日常的な他者理解の大半は、ルーティンワークの域内で行われている。目の前にいる他者の〝ひととなり〟を個別に理解する必要はまずない。その場で他者とある関係性をつくりあげるためには、必要最低限の類型的知があれば十分なのだ。

たとえばファストフード店で注文するとき、目の前にいる存在は、〝アルバイトの店員〟だと認知すれば十分であり、それ以上相手の〝ひととなり〟を理解する必要はない。

これは、典型的な役割をもとにした関係構築である。つまり、普段私たちは、さまざまな定番的な知や類型的な知を駆使して他者を認知し、他者をめぐる〝物語〟の意味を理解し、他者とコミュニケーションしているのである。

このこと自体、とくに驚くべきことではないだろう。もし、目の前に現われる他者を理解するために、相手から伝わってくる膨大な情報を、その場で一つひとつ点検していかなければばならないとすれば、私たちは、その作業の果てしなさや茫漠さに疲れ果てるか、尋常でない世界、狂気の世界へと足を踏み入れることになるだろう。

ただ、そういう典型的で表層的な役割認知や役割演技で他者とやりとりするのではなく、目の前にいる他者の〝ひととなり〟を理解することが求められる場合もある。たとえば、さまざまな社会問題を生きている人びとについてニュースで情報を得たり、ドキュメンタリー番組でその問題や彼らの生きざまを見たりすることがあるだろう。さらにいえば、そうした問題を生きている当事者と直接出会い、相手とのつながりをつくる必要が生じることもあるだろう。

そうした場合、私たちはどのような実践的知を手がかりとして、メディアで示される人びとの姿や語り、さらに実際に自分の目の前にいる相手と向き合えばいいのだろうか。

目の前にいる相手が、何者であり、どのような存在なのか。それをとりあえず理解する――〝意味ある存在〟として認知するために、私たちはカテゴリー化を実践することになる。

そのカテゴリー化という実践を丁寧に反省し、批判する営み。カテゴリー化に用いられている知やその背後に息づいている考えや価値などをもう一度見つめ直すこと。これが日常性のフィールドワークにとっての基本であり、重要な実践なのである。

カテゴリー化について書こうとするとき、私はいつも三〇年以上も前の体験を思いだす。私が初めて教員となった私立大学でのことだ。私は人権問題委員会のメンバーでもあり、差別問題や被差別部落問題の学習をかねて、大学生と地元の解放運動の若き運動家たちが交流する機会をよく設けていた。

あるときのこと。若い運動家は学生たちにユーモアたっぷりに語りかけ、そのウィットあふれる語りに大笑いしながら、被差別部落問題についての交流が進んだ。彼らの話が終わった後に、学生たちに印象を聞き、さらに直接尋ねてみたいことはないかと、司会の教員が順に声をかけていく。すると、「被差別部落の人って、暗いイメージがあったのですが、みなさんは明るくて、驚きました」と感想を述べた学生がいた。

間髪をいれず、運動家の一人が「わしら明るくて、悪かったのぅ」と返す。学生のコメントが、彼の一言で笑いのなかへ吸い込まれ、そこで息づいていた「決めつけ」の知や「思いこみ」の知は、粉みじんに砕け散ったのだ。

差別を受けてきた人は、いじけて暗いに違いない。見事な偏見であり「思いこみ」「決めつけ」の知だ。当時は、へぇ、いまだにこんなことを言う人がいるのかと、私は驚いた。発言をした学生は、どのような生活史のなかでこうした知を身につけ、それを被差別部落問題という現実を理解するために用いることができるものとして、自らの知識在庫にしまったのだろうか。

そのこと自体、とても興味深かったが、運動家の見事な〝返し技〟にさらに驚いた。自分たちを否定的に意味づけていく「決めつけ」「思いこみ」の知に対して、真正面から批判し、その問題性を指摘し、知を解体するのではなかった。

もちろん、確信犯的に差別的な言動やふるまいをする存在に対しては、真正面から批判し闘うのだろうが、学生の素朴な「思いこみ」や「決めつけ」に対しては、瞬時に〝冗談化〟し、ジョークでその知を包み、からかい、笑い飛ばすとともに、差別を受けても、それを跳ね返して闘っている自らの姿を戯画化し、学生が語った「思いこみ」や「決めつけ」の知が〝着地〟する場所を「いま、ここ」からなくしてしまったのだ。

どこにも落ち着くことができない知は、その意味を喪失し、余韻だけを残し、「いま、ここ」から退場していかざるを得ないだろう。

自分のコメントをからかわれた学生が、そのときどんな気分だったのかはわからない。真面目に答えたのに、からかわれてしまい、憤然としていたかもしれない。あるいは、運動家の瞬時の対応に、思わず笑ってしまい、自分が語ったコメントがいかにくだらないかを了解したかもしれない。

いずれにしても、私がこの光景を思いだすのは、カテゴリー化という実践の意味が、その場にいる人びとの間で問われ、その意味がもつ問題性が切りだされ、「思いこみ」や「決めつけ」の知と、それが与えてしまう歪みや誤差を修正しようとする実践とがせめぎあっていたからだ。

もちろん、個別の差別問題理解というコンテクストだけで、カテゴリー化という実践を見直すべきだと主張しているのではない。確認しておきたいのは、こうした他者理解に必要な実践的で類型的な知に関して、その妥当性や適切さ、私たちがそれを使いこなすときの心地よさなどを詳細に見直し、その問題性に気づき、さらには自らの日常のなかで、緩やかに他者理解のための知を変革していく作業こそ、日常生活を批判するうえで極めて重要だということなのだ。

〝普通でないこと〟をからかう――笑えないギャグやジョーク

ちょっと話題を変えてみよう。

いまも若手のお笑いタレントが続々とテレビに登場している。コントであれ、話芸であれ、彼らは他のタレントとの差異化をはかり、懸命に独自のギャグやジョークを飛ばし、ウケようとする。

また、漫才では、相方の身体的な特徴をことさらあげつらい、笑いをとろうとするパターンがある。禿げていること、太っていること、首にいっぱい筋が立つことなど、その人にとってコンプレックスとなる原因は、関西では笑いを誘いだす定番で伝統的なネタなのである。

ただ、見ていて思わず笑ってしまうものもあれば、冗談やギャグの域を超えて、嫌な後味を残すものもある。その違いは何だろうか。

ギャグなどのネタが、漫才コンビの独自の芸風、固有の芸の世界まで練り上げられ、演じる世界のなかで見事に完結しているとき、私たちはそれを見て素直に笑っているのではないだろうか。禿げている相方や太っている相方をさんざん馬鹿にし、あげつらっても、それは漫才という話芸の世界で完結し、一般的なソトの世界、つまり彼らを見て笑い転げている私たちの「あたりまえ」の世界へと拡散していかないのだろう。

言いかえれば、「あたりまえ」のなかに息づいている「決めつけ」がもつ、からかいやあげつらいという知や感情を利用し笑いを誘いだしながらも、それらをそのまま放置するのではない。自分たちの芸の世界へと「決めつけ」を吸引し、あくまでもその世界だけで完結するフィクショナルなものとして加工することで、そこに含まれている〝毒気〟――日常的な差別や排除につながるきっかけ――を抜いてしまうのではないだろうか。これは高度に洗練されたお笑いの芸といえるだろう。

お笑いの世界では、異端や例外など、いわば「普通」からなんらかのかたちではずれている存在をターゲットにし、「あたりまえ」のなかに含まれる、そうした存在をめぐる「決めつけ」を参照しつつ、多様な笑いをつくりだす。その意味で、お笑いは「決めつけ」がなければ成立しないものなのかもしれない。

ただ、洗練された芸の笑いを見るとき、「決めつけ」を使って人を笑わせていること自体を、一方で同時にからかい、笑い飛ばしているように思えるのだ。つまり禿げていることを笑ったとして、その笑いがいかに馬鹿げているかをどこかで了解したうえで、どうぞ思いきり笑ってくれというふうに。そうした芸を見るとき、私たちは、安心して、その世界を楽しむことができるのだろう。

しかし芸が洗練されておらず、生硬なとき——なぜ〝毒気〟がたっぷり含まれた「決めつけ」の知や感情で人びとが笑うのかについて深く考えず、それへの対処について独自の作法をつくりだしていないとき、笑いを誘いだそうとするギャグやジョークは、「あたりまえ」に息づいている「決めつけ」とそのまま共振するだけにとどまる。そして、共振するなかで放たれる〝毒気〟にあてられ、私たちは、素直に笑えないのではないだろうか。

ところで、若手のお笑いのコントでは、同性愛者など性的マイノリティを素材としたジョークを語り、その姿を演じることで笑いをとろうとするものがけっこう多い。しかし、私はそれを見ていても素直に笑えず、後味が悪くなってしまう。

なぜ、お客さんを笑わせるのに、性的マイノリティを戯画化し、からかう必要があるのだろうか。また、なぜそうしたコントを見て、ギャグを聞いて、私たちは思わず笑ってしまうのだろうか。

それは、私たちが小さいときから慣れ親しんできたマンガやテレビ番組のなかで、いく度となく反復され見せられてきた、まさに「思いこみ」「決めつけ」の性的マイノリティのイメージ——たとえば、アニメ「クレヨンしんちゃん」で、しんのすけが毎回見せるオカマギャグや、同じく劇場版アニメにほぼ必ず登場していたオカマ的なキャラなど——を思い起こすからだろうか。

こうしたイメージは、男性同性愛者、女性同性愛者など現実の存在とは無関係なところで、支配的な大衆文化のなかで増殖してきた恣意的なものである。

そして、実際に自らが性的マイノリティだとして公言し、芸能文化などマスメディアで活躍する人びとが確実に増加している現在、こうした冗談やギャクの恣意性（でたらめさ）は、私たちの日常で緩やかにではあるが解体・変革されつつあるのではないだろうか。

いまは、若手のお笑いタレントが、性的マイノリティをからかい、笑いをとろうとしても、従来のような〝いいかげんな〟イメージをもとにしては、笑いはとれなくなっている。なぜなら、彼らのからかいよりも、もっと洗練されたかたちで当事者たちが自らを戯画化し、笑いをとっているからだ。

その笑いは、一見、支配的な文化に寄り添っているように見えるかもしれないが、内実は、当事者に対する差別的なまなざしやからかいを見事にいなし、皮肉っている。自らを笑いの対象としながらも、「決めつけ」や「思いこみ」で自分たちを馬鹿にして笑う多くのマジョリティが、いかに愚かで軽薄であるのかを同時に示すものなのだ。

こうした当事者がつくりだす笑いは、彼らがどこかで勝手に「決めつけ」られ、「思いこま」れた存在ではなく、もう一人の人間、もう一人の他者として、マジョリティの人びととともに〝生きて在る〟ことを真摯《しんし》に示す、彼ら独自の主張なのである。

メディアに登場した当初は、いかにも性的マイノリティだという服装やふるまい、物言いだった当事者が、メディアで一定の場所を確保してくると、そうした〝いかにも〟という姿にこだわらず、「普通」にふるまい、語り、さまざまなバラエティやトーク番組で活躍する。こうした姿は、性的マイノリティをめぐる私たちの「決めつけ」や「思いこみ」の知をただ確認し、強化するだけものではないだろう。むしろ「普通」や「あたりまえ」の知の幅や深さを広げていく実践といえるのではないだろうか。

テレビを席巻するお笑いを詳細に読み解く作業のなかからも、さまざまな「決めつけ」や「思いこみ」の知のありようを検討し、私たちの日常性を批判することができるのである。

ちょっとした違和感からさまざまな社会問題を生きる私に覚醒する

私たちは、普段、さまざまな機会で違和感を覚えることがある。そしてその違和感に対してどのように向き合うのか——つまり、違和感を無視してしまうのか、それともまっすぐに向き合い、なぜどのようにして違和感を覚えてしまったのかをじっくり見直していくのか。このことによって、その後の自分の日常生活の方向性や質などが大きく変わってしまうことがある。

違和感を覚えた瞬間――それが日常性のフィールドワークという営みにとって、重要な入口であり原点なのである。

前の章の最後で少し述べたように、ちょっとした違和感については、多くの場合、ある道徳的な意識や倫理的な価値観をいま一度確認するというステージがクリアできれば、その違和感の由来探しは終了してしまう。しかし、そうではない場合もけっこう多いのではないだろうか。

社会問題の社会学のなかに、構築主義というアプローチがある。

公害や騒音など具体的な被害の実態から社会問題を考えようとするのではなく、このアプローチでは、人びとが何かに対して異議を申し立てるという活動こそが社会問題を世の中につくりあげ、「あぁ、このような問題が社会には存在していたのだ」と思わせていくのだと考える。

「このことがいかに問題であるのか」をめぐる多様な異議を申し立て――そういう言説を中

心とした活動を、私たちが〝意味あるもの〟として理解していくとき、「あたりまえ」の日常生活世界のありようが「このままでいいのだろうか」と疑われ、「あたりまえ」の知のなかにひそかに息づいていた日常を、徐々にではあるが確実に変革していける新たな力が、活動しはじめるのである。

〝禁煙する日常〟という価値

たとえば〝禁煙する日常〟という価値が、いま世の中では支配的になっている。新幹線では全面禁煙の車両が走り、全店禁煙のファミリーレストランもある。全面禁煙にすると、いったん客足は落ちるが、しばらくしたら結果的に客数は増えていくという。私たちの日常には、禁煙が「あたりまえ」という価値が確実に浸透しつつある。

この価値が現在、浸透しつつあるのは、喫煙をめぐり多様な異議申し立ての活動がこれまで行われ、結果として私たちの「あたりまえ」のなかに「喫煙の問題性」が安定して意味を確保してきたからだ。

ただ興味深いのは、〝禁煙する日常〟が価値づけられている一方で、〝喫煙する日常〟も確実に生き続けていることだ。

一昔前の映画を見れば、登場人物が複数集まり何かを話し合う場面や、恋人どうしが出会い、お茶を飲む場面、家族が団欒《だんらん》する場面などでは、例外なく煙草が登場し、紫煙がスクリーンのなかをゆっくり流れていく。煙草を吸っていない登場人物の顔にも紫煙があたるが、平然とセリフを語り、演じている。

禁煙をめぐる異議申し立ての結果、私たちの身体のありようも変化していく。私は一切煙草を吸わないが、父親はヘビースモーカーだった。しかしいま、私の身体は長時間の紫煙に耐えられなくなっている。もちろん、公共の場などで紫煙と出会わざるを得ないときは、なんとか我慢するが。子どものころ、自宅でどのように紫煙とつきあっていたのだろうかと思ってしまう。

このように「喫煙」をめぐる大きな社会の変化は、私たちが異議を申し立て、それまで「あたりまえ」のなかで生きていた知や価値を見直す過程で、つくりあげられてきたのだ。

「夫婦別姓」という「問題経験の社会学」

ただ、私たちの日常のなかには、「このことが問題だ」と明快に指摘でき、その意味で由来がはっきりした〝生きづらさ〟ばかりがあるのではないだろう。

名状しがたいような〝生きづらさ〟、これが根拠だと簡単には説明しきれないような〝生きづらさ〟と、私たちは日々つきあっているのではないだろうか。

こうした「あいまいな生きづらさ」と現代社会との関係について、社会学者の草柳千早は『「曖昧な生きづらさ」と社会――クレイム申し立ての社会学』（世界思想社、二〇〇四年）という優れた論考を著している。

草柳によれば、たとえば禁煙すべきという明確な言説をもとにした異議申し立て活動ができあがる以前に、私たちは日常の多様な場面で、言葉にならないような違和感を覚えるし、何かつねに息苦しさや生きづらさを感じ続ける「問題経験」を生きることがあるという。

それは、私たちが自らの生をより充実させ、現在を生き続けるうえで、なんとかして変革したい支配的文化から要請される価値や規範への「抗い」である。いわば「社会問題の・ようなもの」を体験していることであり、プライベートな領域と公共的な世界との狭間《はざま》で、私という存在が他者や社会と対峙し、多様な〝生きづらさ〟を感じ取る瞬間を生き続けているということだ。

草柳は、夫婦別姓を実践しているが、自らが感じていた「曖昧な生きづらさ」が「夫婦別姓」と名づけられる「社会問題」であることに気づき、その問題をどのようにしたら日常で実践し、自らが〈ひと〉として、より充実して生きることができるのか、その過程を詳細に読み解いた。そして、「問題経験の社会学」という、日常性のフィールドワークにとって参照すべき意義ある考え方を提示してくれているのだ。

しばらく「夫婦別姓」という「問題」を手がかりに考えてみよう。

女性は結婚すれば男性の姓に変わり、それを知らせるハガキには、結婚前の姓は「旧姓」と書かれる。女性が結婚することは、「嫁」という漢字が示すように、女性が男性の「イエ」に入ることだ――。

これらは、依然として私たちの「あたりまえ」を支配している家族をめぐる支配的な価値であり、規範といえるものだ。現代の若い男女も、この価値や規範に「抗っている」とは思えない。しかし、他方でこの支配的な価値に強烈な違和感を覚え、「イエ」制度に抵抗し、自分たち夫婦、そして家族の日常を新たにつくりあげていこうとする人びとがおり、その動きも続いている。

「夫婦別姓問題」とは、現行の夫婦同姓制度に対して、夫婦が各自結婚前の姓を名乗り続けること――つまり現状に即していえば、女性が結婚改姓を強いられない選択を可能にしようという考え方をめぐる問題である。

これまでも「夫婦別姓」を求める異議申し立ては繰り返されてきている。それは、公共的な言説空間では民法改正論議となり、私的な空間では、夫婦の日常生活における微細な〝せめぎあい〟として闘争を生じさせる。いま「闘争」という言葉を使ったが、まさに公共の場、私秘的な場における熾烈《しれつ》な「意味の闘争」なのである。

草柳は、夫婦別姓に反対しその制度的な実現に抵抗する言説を詳細に調べ、その背後に〝主張を正当化する理屈〟として、どのようなカウンターレトリックがあるのかを分析している。

一つは「破壊的結果の警告」だ。夫婦別姓を実現すれば、「家族の一体感を損なう」し「家族が崩壊する」という理屈である。

夫婦は同姓であってこそ、夫婦である。家族としてのまとまりを象徴するのも同姓なのだ。それを崩せば、家族の秩序は乱されるし、ひいては社会秩序、文化や国家などの崩壊までも招く危険性があるという。

二つめは「人格への還元」だ。夫婦別姓を主張すること自体、個人の「わがまま」であり、「養われている身で生意気だ」とか「おとこ女」「夫に従わない嫁」「夫婦の自覚がない」など、別姓を主張する個人の人格を攻撃する。誹謗中傷し、攻撃することで、当該の人びとをおとしめ、別姓という主張や問題をも無効化してしまおうとする。

三つめは、「弱者配慮の要求」だ。夫婦別姓にすることで、子どもにどのような不利益が生じるのか。大人は弱者である子どもに対して責任があり、子どもを悲しませたり、困らせたりしてはならないという理屈を立て、夫婦別姓の〝不合理さ〟を確認しようとする。

四つめは、「グランドルールの宣示」だ。「自然」「合理性」「道徳」「社会」「世間」など、個人を超越して存在するような上位の規範があることを宣言し、たとえば「夫婦が同姓であることこそ、自然だ」「夫婦同姓は社会が要求している基本だ」というように、別姓の主張がいかに上位規範からはずれているかを主張する。

草柳の分析を読みながら、あることに気がつく。こうしたカウンターレトリック自体の〝正当性〟や〝合理性〟それ自体が恣意的――つまりでたらめだということだ。

夫婦が別姓になれば、なぜ家族の一体感が失われてしまうのだろうか。

夫婦同姓が支配的である現在でも、家族内では夫婦間だけでなく子どもとの間でもさまざまな問題が生じている。そのことを多様に論じる調査研究や評論がいくらでも存在する。つまり、家族の一体感の維持は、同姓にするか別姓にするかでは決まらない。こういうかたちで、すぐに対抗する理屈が創造できるのだ。

人格への攻撃は、あまりにも通俗的で次元が低いものだろう。

また、子どもがかわいそうだし、不幸になるという理屈も検証しがたいものだ。どのような経験的事実に依拠しているのかも不明だし、この理屈の背後に息づいているのは、〝同姓夫婦に育てられた子どもは幸福にちがいない〟という不変のイメージである。もしかしたら、別姓を保障する制度がつくられると同時に、子どもの養育をめぐる法的な改革も行われるかもしれない。そういう発想が、ここでは完全に閉じられているのだ。

グランドルールの宣示は、上位にある「社会」「文化」「自然」をどのようなものとして考えるかによって、すべて変化してしまう、極めて恣意的なものだ。

つまり、夫婦別姓に反対する理屈は、夫婦別姓自体の不合理さを論証するものではなく、私たちの日常的な秩序や、私たちが「あたりまえ」に生きている日常生活世界を脅かされることへの漠然とした危機感や不安感に根ざした、思いっきり感情的で恣意的なものなのだ。

言いかえれば、この問題は、基本的には他者どうしのつながりである夫婦の日常的なありように、新たな可能性を模索・創造し、そのなかで互いに〈ひと〉として充実して生きていきたいという欲求と、夫婦間でどのような問題があるとしても、それは伝統的で因習的な夫婦という枠組みのなかで考えるべきという欲求との、「絶えざる意味の闘争」なのである。

「差別的日常」をめぐる知へ

もちろん、夫婦別姓の問題だけではない。私たちの日常には、社会問題がさまざまに語られ、つねに批判されている言説空間がある。

エスノメソドロジーというものの見方に依拠しながら、こうした問題がいかにして構築されているのかをまなざす、また、日常生活世界という場で「あたりまえ」のなかに息づいている多様な社会問題をめぐる知を疑っていくなかで、自分自身の生きざまに関わってくる社会問題「の・ようなもの」に気づき、その意味をじっくり見直し、洗練させていく――これらの営みが、日常生活批判としての日常性のフィールドワークの意味あるかたちといえるのではないだろうか。

そして、その具体的な対象となる知は、「差別的日常」をつくりあげている私たちの「あたりまえ」のなかにこそある。

差別的日常とは何だろうか。

それは被差別部落問題、在日朝鮮人問題、同性愛者の問題など、「〇〇問題」というかたちで領域が限定され、専門化され、その問題を了解するためには一定の専門知や方法が必要な知的領域ではない。

むしろ、そうした専門知が立ちあがっていく、あるいは、それらが専門知として成立・維持されていくバックグラウンドとしての、果てしのない茫漠とした日常知――日常生活をめぐる多様な知の領域で息づいている現実とでもいえるものだろう。

さまざまな「決めつけ」や「思いこみ」をめぐる知など、日常生活世界に息づいている「あたりまえ」の知のありようを批判的に読み解いていく面白さこそ、日常性のフィールドワークの醍醐味といえるのである。

「当事者研究」が生みだす知がもつ可能性

さて、いま新たな知が、「あたりまえ」の日常を徐々にではあるが、確実に侵食している。それは「当事者研究」という独創的な営みが生みだす知である。

当事者「研究」は、べてるの家という、精神障害当事者が地域で暮らす実践から生まれた。詳細は、たとえば、浦河べてるの家編『べてるの家の「当事者研究」』(医学書院、二〇〇五年)などを読んでほしい。

精神的な病をもつ当事者が、症状が「爆発」するとき、それを医療的に抑えこむのではなく、どのような状況でそうした「爆発」が起こってしまうのかを分析し、「爆発」してしまう自分を研究対象として調べる。そして、その結果にもとづき、精神的な病を生きる自分を、医療の世界に丸投げしてしまうのではなく、自分でコントロールしようとする実践である。

こうした当事者研究は、いまさまざまな領域で実践されつつある。

ここでは、ある興味深い本を手がかりにして述べていこう。

それは綾屋紗月・熊谷晋一郎『発達障害当事者研究――ゆっくりていねいにつながりたい』（医学書院、二〇〇八年）という本だ。

近年、幼少期からさまざまな要因で起こる自閉症や多動性障害、学習障害などを総称する言葉として「発達障害」が用いられており、また広汎な発達障害を連続したものとして考えるという意味で、「自閉症スペクトラム」という言葉が出てきている。

自閉症の人に対して、私たちはどのようなイメージをもっているだろうか。映画などではときおり、特殊な能力が優れた存在として描かれ、その能力を中心としたドラマティックなストーリーが展開することがある。その一方で、街中で彼らを見かけたり、日常生活の場で出会ったりしたとき、どのように彼らと向き合い、語りかけ、ふるまえばいいのか、戸惑うのではないだろうか。

普段「あたりまえ」だと思っているような反応がないし、自分が想定しているような反応もない。だからこそ、自閉症の人たちには、他者と意思疎通がうまくできないという意味でのコミュニケーション障害があるのだと説明され、私たちもそのように了解してしまう。

しかし、考えてみれば、いったい誰にとって不都合だから「コミュニケーション障害」という言葉が彼らに与えられたのだろうか。

私たちの多くが「あたりまえ」のように実践している他者との意思疎通のありようを根拠として考え、そうした実践に当てはまらない彼らが、私たちにとって理解しがたい存在であり、そうした理解しがたさの原因や問題は彼らにあるのだとして、自閉症の人たちに貼りつけたレッテルなのではないか。

一方的なレッテル貼りと、自閉症の人たちはこのように違いないと決めつけることは、はたして私たちが彼らとともに生きていくうえで、適切な実践なのだろうか。そのことが孕む問題性を同書は丁寧に教えてくれる。

綾屋は「明らかに人と交われる気がしない、一線を感じる自分はいったい何者なのか」と、物心ついたころから〝アイデンティティ探し〟を続け、自分がアスペルガー症候群に当てはまり、自閉圏に生きる人間だと知ったとき、「やっと答えを見つけた」と思う。

しかし、自閉症スペクトラムの研究において、他者との社会的な関わりに問題があるというコミュニケーション障害が第一義的な原因だとされることに、強烈な違和感を覚えていく。コミュニケーションの障害は、そもそも二者間で生じるすれ違いであり、その原因を一方にのみ帰することはできないからだ。なるほどと思う。

彼女は、他者や日常の現実にうまく対処できない多様な体験について、既存の自閉概念を前提とせず、なぜ、どのようにして「すれ違い」が生じてしまうのか、自らの体験を詳細に解きほぐし、そこで自分が実感していることを丁寧に書きおこす。そして、〝自閉圏に生きる自分の日常の行動、他者の存在を含め外界と関係をつくりあげようとしている姿〟を私たちに説明してくれる。

たとえば「おなかがすいた」という状態が、著者の身体のなかでどのような過程をへて、確定していくのか。それは、綾屋自身が身体の内側の声を詳細に聞き、その声の一つひとつに対応していく過程であり、時間もかかるし、エネルギーもいるものだという。

自らの身体が発する声だけでなく、外界からの圧倒的に多数の多様な声にどのように対応してしまうのか。他者や自分の像が、どのようにまとめあげられ、またどのように揺れて、ほどけてしまうのか等々、わかりやすい言葉や表現を用いて、彼女自身の〝自閉圏を生きる〟という当事者性が分析されていくのである。

「体の内部で生じる身体感覚と心理感覚が、いずれも潜在化されずに等価かつ大量に感受されるので、それらを絞り込み、ひとつの身体の自己紹介や具体的行動にまとめあげるのがゆっくりであること」「体の外部で生じる刺激も潜在化されず、等価かつ大量に感受しているという状態で」「それらが何であるかを把握する〈モノの自己紹介〉や、その刺激に対してどう行動を選択すればよいのかをまとめあげるのも、同じようにゆっくりであること」

綾屋は、当事者の観点からの詳細な分析によって、「自閉」を次のようにまとめている。

「身体内外からの情報を絞り込み、意味や行動にまとめあげるのがゆっくりな状態。また、一度できた意味や行動のまとめあげパターンも容易にほどけやすい」

同書を読み、改めて思う。私たちは普段、いかに大量で多様な、意味が満ちた、あるいは意味が空疎な情報の〝攻撃〟にさらされながら、それらをなんとかすり抜け、いなして生きているのかと。

また、多様な意味をもつ存在であるはずの他者とのコミュニケーションでも、「あたりまえ」の域内で効用をもつ、さまざまな〝察し〟という営みを通して、いかに〝適切〟そして〝適当〟にやりすごしているのかと。

もし、そうした〝適切〟で〝適当〟な〝察し〟が苦手な他者に対して、一方的に「コミュニケーションに障害がある」と決めつけるならば、それは当事者が抱えている〝生きづらさ〟を、有無を言わせず封殺してしまう、微細ではあるが強大で執拗な「権力」行使ではないだろうか。

当事者研究が生みだす知は、私たちの日常を緩やかに、しかし確実に支配している「あたりまえ」のありようを見直すきっかけになると思う。とすれば、そうした新たな知を私たちはどのように読みこんでいけばいいのだろうか。当事者研究からさまざまに刺激を受ける思考実験もまた、優れた日常生活批判のフィールドワークのかたちといえるだろう。

「規範」や「規律」に従順な身体をいま一度見直すこと

本書の最後にいま一度、日常性を考え、日常生活を批判する実践を考えるうえでの原点を確認しておきたい。それは、私たちの日常的な身体のありようについてだ。

本書執筆の動機となった原風景は、ここまで何度も触れてきた私たちの姿だ。

それは道路を歩いているとき、駅のホームで電車を待っているとき、満員電車で立っているとき、友達とお茶をしているときなど、隣にどのような他者がいるのかほとんど気にすることなく、一心にスマホの画面を眺めている、私たちの姿だ。

至便のメディアであるスマホを通して自由に多様な情報を入手し、遠くにいる知り合いと言葉をかわし、退屈な時間を過ごすためにゲームに熱中する。それぞれが別のことに専心し、異なる時間や意味を生きている瞬間だろう。

こうした多様性が達成されているはずの光景に対して、私は何ともいえない気持ち悪い〝均質さ〟を感じてしまうのだ。

スマホの画面に集中し、画面からあふれる情報とだけ交信する姿。この不気味な一様さ、均質さはいったい何だろうか。

すでに「スマホに飼いならされている」と書いたが、もっといえばスマホというメディアに呪縛され、その場その場の現在という二度とは戻ってこない時間をスマホに統制され、私たちは「いま、ここ」を生かされてしまっているのではないだろうか。

考えてみれば、スマホは単なる便利な情報機器にすぎない。しかしこの機器が私たちの身体に対して、「このように生きなさい」といわんばかりの規範や規律を押しつけ、私たちは、その強制する力をとくにあやういとも感じないままに、従順に従っているように思える。

もしそうした規律や規範のなかに、「私（スマホのこと）を通して初めて世界が理解できるし、他者ともつながることができるのだから、私の言うことはすべて正しく、それに従いなさい」とでもいうような中身が醸成されていくとすれば、これはもう不気味で恐ろしい近未来のＳＦ的日常が、私たちの前に出現することになるだろう。

そんな心配はしなくてもいいよ、過剰な心配にすぎないよ、という声が聞こえてきそうだが、私は別にスマホを拒絶しているのではない。そうではなく、なんらかの〈外〉からの力に対して、すぐに許容し、順応し、従順に従ってしまう私たちの身体こそが問題ではないだろうかと、危惧《きぐ》しているのだ。

大学のキャンパスでは、毎年のように学生たちが見事に〝衣替え〟をしていく。ゼミでは、それぞれが自分の個性だといわんばかりに毎日の服装を考え、化粧をしていた学生たちが、いざ就職活動が始まると、例外なく同じ色、同じスタイルの〝就活スーツ〟に身を固め、ゼミにやってくる。濃かった化粧も清楚で地味なものに変わっている。

もちろん厳しい就職戦線に打ってでるために必要な〝装備〟であることも確かだ。学生はそれぞれ希望の職業に就いて仕事がしたいし、それが十分にできるのだということを表示する最低限の鎧《よろい》であり装甲なのだろう。見事に〝均質で〟〝一様な〟存在へと、学生たちは自らの身体を変貌させるのだ。

企業での仕事は好き勝手できないし、企業それぞれに固有の秩序があるだろう。上司からの命令に服従することも必須だろう。だからこそ、そうした秩序のもとで働く〝覚悟〟があることを示すうえで、一定の決められた姿に変貌することは了解できる。

でもなぜ〝就活〟スーツなのだろうか。たとえば会社面接では、各自が他の誰でもない私である意味を求められ、個性を語りださねばならないはずだ。なぜ学生が各自の個性を〝就活〟スーツという「均質なるもの」で覆いつくし、面接に向かうのだろうか。

もちろん、〝就活〟スーツは象徴的なメディアにすぎないだろう。私が気味が悪いと感じるのは、世間ではこれが必要で、みんながそうしているし、そうしなさいといわれるなかで、本当に就職活動に必須のアイテムであり作業なのかを考えないままに、従順に従っている学生たちの姿であり、その身体のありようなのである。

これを書いているとき、たまたまテレビの特集で、体育系大学での集団行動という競技を見た。かなりの数の学生が同じ服装をし、集団で行動する。一糸乱れず行進し、号令のもと、さまざまな隊形を瞬時のうちにつくりだす。

一見、どこかの国の巨大なマスゲームのようだが、集団行動にはそうした政治性や思想性はまったくない。むしろ同じ行動をする他者とのシンクロであり、ある隊形をとるときの、全体とそれぞれの個との完璧な共振と調和をめざす身体の鍛練といえる。

だからこそ、多くの学生は集団行動を希望し、ミスのない完璧な集団行動ができるまで、汗を流し、トレーニングするなかで起こってしまう他者との衝突でけがをし、うまくできない苦しみを反復練習で乗り越え、〝一つの集団〟になろうと懸命になる。体育でよくいわれる「健全な身体」を創造するには、こうした営みは必要なのかもしれない。

しかし、である。私は映像を見ていてかなり気持ち悪くなったのだ。

学生たちはうまくいかない自分を叱咤激励し、うまくいったときの充実感、満足感を語る。確かに個々の次元では、うまくいけば充実感はあるだろう。ただそれはあくまで一つの集団のなかの個という次元でのものだろう。集団行動をする彼らの姿を、誰がどこから眺めているのだろうか。また集団行動を統率し、詳細を命じ、号令をかけていく存在は、いったいどこにいるのだろうか。

一糸乱れぬ行進や瞬時のうちの隊形変化。この全体が見通せるのは、〝学生たちが集団で行動している位置より高みに立った場所〟であり、〝上からの命令や号令〟が集団を思いのままに動かしているのだ。動いている彼らは、あとでビデオ映像は確認できるだろうが、行動している「いま、ここ」では、全体はわからないのだ。

なぜこのように行進しなければならないのか。なぜこの瞬間にこのように隊形を変化させなければならないのかなど、「いま、ここ」で自らの身体への負荷について批判的に考察する余裕などない。

ある命令、それも〝上からの〟命令に瞬時に従い、集団でその命令を実現していく作業に、なんの違和感も覚えずに没入していく彼らの姿と身体のありように、〝見事な従順さ〟を感じ、私はかなり強く違和感を覚えたのだ。

これはスポーツだし、身体の鍛練だろう、そんなに目くじら立てなくてもいいじゃないかという声が聞こえてきそうだ。それでも、私は違和感を覚えてしまう。

なぜこのような規律や規範を守らねばならないのか。

世の中の人がとりあえず文句もいわず従っているから、それでいいじゃないか——「あたりまえ」に使っている知や情報はどこから来たものなのか、それは他者を理解し、他者と交信するうえで本当に〝適切な〟ものなのか、ということをとくに反省することもない日常がいま、ここにある。

私は、こうした常識的発想や常識的知の無批判的な使用が、ますます蔓延《まんえん》しているように感じる。はたしてそういう規律や規範、誰かがこうしなさいといった知に、無批判に従ってしまっていいのだろうか。

世の中に流布しているさまざまな次元での規範や規律に従順な身体であること。それに対して違和感を覚えるとき、その違和感をまっすぐ見つめる作業が、いまだからこそ必要なのではないだろうか。

守るべき規範や規律とそうでない規範や規律があり、それを峻別して生きていくことで、私たちの日常生活は少しずつではあるが、確実に変わっていくのではないだろうか。

こうした批判の営みこそが、日常性のフィールドワークがめざす姿なのである。

いま一度、「私たちはすべて実践的な社会学者（practical sociologist）」であるという主張を確認しておきたい。そして、この主張の核には、私たち自身が自らの実践を通して生活や存在のありようを批判し、より気持ちよく生きるために他者とつながることができる力をもっているというメッセージが息づいていることを。

補論1　魅力的なモノグラフを味わおう

ここでは、最近私が読んだなかで、さまざまな刺激を受け、心のなかで「おもしろい！」と叫んだモノグラフをいくつか紹介しておきたい。

若手や中堅の研究者が自らの存在をかけて、あるいは、自らの存在がもってしまった問題性をまっすぐに見つめ、そこにどのような現実変革の手がかりがあるのかを丁寧に読み解こうとする、優れた研究の事例である。

この紹介を読まれて、興味が湧いた方は、ぜひ作品それ自体を手にとって読んでほしい。社会学的なエスノグラフィーに関しては、すでに古典となり、その意味を失わないものがいくつもあるが、彼らの作品も〝鮮度〟が失われることはないだろう。

石岡丈昇『ローカルボクサーと貧困世界――マニラのボクシングジムにみる身体文化』世界思想社、二〇一二年

「本書はフィリピン・マニラ首都圏に暮らすローカルボクサーのエスノグラフィーである。フィリピンにおいて、特定の若者男性がどのようにボクサーになり、試合をこなし、引退後の暮らしを営むのかを、二〇〇二年から二〇一〇年までの八年間におよぶ調査より記述するものである。そしてそこから、ローカルボクサーの身体文化に迫りたい」

著者はこのように書きだす。

著者は日本において、フィリピンからの出稼ぎボクサーの存在を知り、彼らの生活の実際などを調べるなかで、自身もフィリピンに出かけることになる。

マニラのジムに住みこみ、練習場の片隅の机でパソコンに向かいフィールドノートをとる。日本から来た彼は何をしているのかと、仲間のボクサーたちがその姿をのぞきこみ、そこでさらに彼らとのやりとりが重ねられていく。ボクサーだけでなく、ジムという空間全体をめぐる現実を細やかに描きだした作品だ。

マニラのスクオッターという貧困世界に隣接するジムで、人びとはどのように日常を暮らし、生きているのか。著者の熱い思いと冷静な分析のまなざしから紡ぎだされる記述が、読む側に確実に、フィールドの雰囲気や、著者と彼らとの関係性を想起させる。

有名なボクサーではない、多くの若者たちが田舎からマニラに向かい、そこで生活し成功するために、ボクシングジムの扉を叩く。成功する者はごくわずかだろう。

ではなぜ、多くの若者たちがローカルボクサーになろうとするのか。

それはやはり貧困からの脱出であり、自分だけでなく家族も含めてマニラへ呼んで生活するための重要な手段であり、生き方であることがわかる。

この本は、単に若者がどのようにボクサーになり、ボクサーとしての身体文化を自らのものにしていくのかを解読したスポーツ社会学ではない。彼らの仕事としてのスポーツがいかに生活とつながっているのかをも解明しようとする、優れた貧困世界の研究である。

また、ボクシングジムに隣接する、貧困が常態化し慢性化した地域であるスクオッターで暮らす、彼らの日常生活や文化をも読み解こうとする著者の視座は、マニラの都市研究としても息づいている。

まず、ローカルボクサーの身体文化や社会学が、スポーツ社会学のなかの第三世界スポーツ論といかなる関係にあるのかを論じ、自らの研究の独自性、独創性を明らかにしたうえで、具体的なエスノグラフィーが始まる。

ボクシングジムがどのような空間的な構成になっているのか。ボクシングジムだけでなく、レストラン、闘鶏場、水泳教室、フィットネスジムなどが敷地内にあり、一つの事業体のような感を呈している。そこでは引退したボクサーが働き、彼らの家族も田舎から呼び寄せられ、同様に働いている。また、スクオッターに隣接した場所にあるが、大通りに面しているため、多くの人びとが通りを経由して、たとえばフィットネスに通ってくるという。〈全体的空間〉としてのジム――そこは「マニラ首都圏の貧困世界における生活実践の産物」なのである。

若者はどのようにしてボクサーとしての身体を獲得し、ボクサーとしての文化を生きるようになるのだろうか。ジムワークの詳細を語り、そこで〝生きている〟実践理性を取りだしていく。「サクリフィショ」という、ボクサーであることをめぐる特有の倫理の存在――それはスパーリング、食事、夜の過ごし方など、彼らの具体的な生活場面で実践されている。試合前には性欲を禁じるだけでなく、物理的にも女性がジム空間や世界から排除されていく。禁欲の先に創造されるボクサーの身体が見えてくる。

また、ボクシングマーケットはどのようにつくられているのか。スポーツには勝者が生まれると同時に、確実に「敗者」が「生産」されていく。この「敗者の生産」をめぐる分析も興味深い。スポーツがもつ光と影が同時に明らかにされていく。

そして、引退したボクサーはどのような日常を送るのだろうか。現役時代、身体をフルに駆使して興行主に利益を与えてきたボクサーたち。彼らは引退後、ジムに関わる仕事に携わり日常を送る。引退後は、ジムが自分たちや家族の面倒を見てくれるのだ。著者は、この事実を「互酬性の中のボクサー身体」と呼び、彼らが暮らす貧困地域であるスクオッターでの日常の生活実践や生活倫理と、ジムの現実との関連を描きだしていく。

この本を読むと、貧困世界とマニラ首都圏との関連性や、フィリピン全土における貧困とボクシングというスポーツや身体文化との関連性など、著者に尋ねてみたい問いが次々と浮上してくる。

その意味でこの本は、著者にとって〝走りだすための加速をつける〟エスノグラフィーなのだろう。どのように加速しながら、長距離を安定して疾走していくのか、今後の研究が楽しみだ。

ちなみに、この本の著者が訳者の一人である優れたボクシング・エスノグラフィーの翻訳がある（ロイック・ヴァカン、田中研之輔・倉島哲・石岡丈昇訳『ボディ&ソウル――ある社会学者のボクシング・エスノグラフィー』新曜社、二〇一三年）。同書とあわせて、ぜひこの翻訳も読んでほしいと思う。

足立重和『郡上八幡　伝統を生きる――地域社会の語りとリアリティ』新曜社、二〇一〇年

フィールドワーカーは、ときとしてフィールドに魅せられてしまう。

フィールド研究者は、一つのテーマが終われば、それにこだわらず新たなテーマで次々と研究すべきだという考え方がある。それはそれで正しいと思うが、他方で一人の人間として、またより深くテーマを追究したい研究者として、フィールドがそう簡単には去れない場所として、往々にして立ち現われるのだ。

この本は、そうしたフィールドに魅せられた研究者の、告白のようなモノグラフだ。

郡上八幡という場所。そこには清らかな水が流れ、人びとはその水を生活に無駄なく使っている。昔からの伝統やさまざまな暮らしの智恵がいまでも息づいており、特有の時間と空気が流れている。著者はアパートを借り、朝お決まりの喫茶店に出かけ、人びとと出会い、午後から聞き取りをし、夜は飲み屋に顔を出し、そこに集う人びとと語り合う。朝一番の街の様子から書きはじめ、一日が終わる状況で書きおえる。その文体とスタイルから、著者が抱いている街へのさまざまな深い想いがこぼれおちてくる。

全国的に有名な「郡上おどり」という郡上八幡の盆踊り。現在では観光資源として重要なものとなっているが、それは郡上八幡の伝統に由来し、そこで暮らす人びとが日常の意味をこめて毎年踊り、受け継いできた。歴史や伝統の力のなかで息づいているものなのだ。

夏、盆踊りの時期、全国から殺到する観光客に踊りを教えるために保存会は活躍するが、そのとき、地元の人びとはほとんど踊りの輪には参加しないという。そして観光客がいなくなった時間、静かに、地元の人びとは自分たちの踊りを楽しむのだ。

著者は、踊りについて人びとがどのように語り、その語りのなかで踊りをめぐるリアリティがどのように創造されているのかを、詳細に読み解こうとする。

観光化していったいまの踊りと、昔踊り。人びとの語りには、二つの踊りが登場するが、同時に人びとは、郡上八幡には踊りは一つしかないと語る。実は踊りは二つあるのではないか。著者は人びとに率直に問いかける。踊りを守り、踊りを伝え、踊りを生きていた人びとの常識的な信奉や推論に、著者の問いが細かな亀裂を入れていく。実際に二つの踊りがあるとしても、人びとのなかでは、それは伝統という世界のなかで一つにつながっている。その推論や理屈のありようを、著者は取りだしていくのである。

長良川河口堰問題という環境問題があった。長良川流域を水害から防ぐために河口に大きな堰を建造するという。川をさかのぼってくる魚たちの道が奪われ、流域の人びとの生活が変質してしまう大きな問題だ。

郡上八幡でも反対運動が起きる。それまでになかった文化的な側面を含め、大きな反響を呼び、初めて住民と行政との直接対話の場が設定される。

著者はそこでのやりとりを資料とし、対話と言いながら、なぜ、どのようにして語り合いが成立せず、すれ違っていくのか。その論理や推論のありようを読み解こうとする。

市長選挙をめぐり、反対運動が二つに分裂してしまう。著者はそれぞれの側の言い分を聞き取ろうとし、微妙な立場に立ってしまうが、あえてその場所から、それぞれの言い分を正当化する論理や推論を引きだそうとする。

街の外からやってくる正当化の論理と、街の歴史や伝統、そして現在の街の〝生きられた秩序〟という、街のなかから起こってくる正当化の論理のすれ違いとせめぎあいが、明らかになっていく。

盆踊りの保存と長良川河口堰反対運動。まったく異質な現実のように見えるが、どちらについても、郡上八幡の人びとは「町衆システム」という地域社会における意思決定をめぐる「仕掛け」や、人びとにとって意味があって理屈にかない、腑に落ちる論理や推論を駆使して、意味ある現実を創造し、日々を生きているのだ。

おそらく著者は最初、盆踊りという芸能文化と環境問題に対する市民的論理を、それぞれ独立して取りだせると思っていたのではないだろうか。

しかし何度もフィールドに赴き、人びとと関係をつくり、人びとの語りや、語りを通したリアリティ創造の瞬間に出会い、立ち会うなかで、現在での語りから推しはかることができる論理や情緒だけで、人びとが生きているリアリティなどを捉えることはできないと気づいた。著者は、それらを超えた〝人びとの生きざま〟とでもいえる歴史と伝統や、現在に根ざした〝人びとの社会学的実践〟の厚みとまでもいえる何かを感じ取ったのだ。

そして、現在の人びとのありようと歴史や伝統とを「交錯」させつつ、〝人びとの生きざま〟を捉え、その意味を理解し、地域社会を論じていく作業こそが、魅せられたフィールドへの研究者としての恩返しだと主張するのである。

郡上八幡で得た人びとの語りを読み解いていくあたりは、初期のエスノメソドロジーが、人びとの日常性に注目し、人びとの「世俗的推論」や「日常的推論」を取りだそうとした研究を想起させ、とても興味深い。

著者が構想する郡上八幡の〝生きざま〟のエスノグラフィー――〝生きざま〟の社会学がいつ出るのかが楽しみである。

坂田勝彦『ハンセン病者の生活史――隔離経験を生きるということ』青弓社、二〇一二年

「『恐ろしい伝染病』という誤ったイメージとともに、療養所に隔離されることを余儀なくされたハンセン病者。彼らは戦後社会のなかでどのようにして実存を模索し、療養所の内外の他者との関係性を編み上げてきたのか。多磨全生園の入所者の声を丹念に聞き取り、さまざまな日常の営みからそのリアリティに迫る」

同書のカバーに書かれている言葉が、まさにこの本の内容を的確に表わしている。

これまでハンセン病問題は、国家による病者の隔離収容を指弾し、それがもつ圧倒的な抑圧性、差別性を批判する歴史研究を中心に行われてきた。こうした研究は有意義だろう。しかし他方で、被差別者、被害者としてまとめられ一面化されて当事者が語られていくとすれば、これは問題だろう。

社会学研究のなかでも、そのことが問題にされ、まずは隔離された世界で当事者はどのように生きてきたのかを聞き取り、一人ひとりの生活の次元から、この問題が個人に及ぼした力や意味を捉えようとする地道な仕事が出てくるのだ。

たとえば蘭由岐子『「病いの経験」を聞き取る――ハンセン病者のライフヒストリー』（皓星社、二〇〇四年）は、その優れた成果であり、同書とともに必読だ。

著者は、多磨全生園というフィールドを選び、そこで蓄積されてきた文献や記録資料、手記や文集、文芸作品など〝書かれたもの〟の整理作業に従事しつつ、同時に入所者と丁寧に関係をつくり、多くの人びとの語りを聞き取っていく。

戦前期、多磨全生園の周囲には誰も住んでいない、まさに辺鄙な隔離された場所にあった。そしてそこには、隔離を構成する機制があり日常的な実践があった。入所者はそうした構造的な制約のなかで、「自治」を実践し、日常の生活世界をつくりだしていった。

しかし戦後、特効薬であるプロミンが開発され、病気の治癒に手が届くようになり、また全生園の周辺は郊外の宅地化が進み、周辺には多くの人びととの日常生活や地域社会が出現していく。これらの変化は全生園に「転換期」をもたらした。

病気が治癒し、社会復帰のために退所していく人びと。彼らがどのように社会復帰していったのか、そのやり方や困難などが語られる。他方で、退所を選ばずに、労務外出というかたちで外の世界とつながる人びともいた。当然、そこには退所できる人、外出できる人、そうした実践がかなわなかった人など、療養所のなかで、さまざまな人間関係や人びとの暮らしに格差を生んだことも事実だろう。

著者は、療養所内で編まれた文集の貴重な記述や、多くの入所者から聞き取った語りを駆使し、まさに療養所という閉じられた世界のなかで、その世界が外へ開いていく可能性を実感・体験し、あるいは、体験できなかった人びとがどのような日常生活世界を構成し、生きていたのかを、丁寧に論じていく。

また以前は、〝柊の垣根〟という言葉が象徴したように、人びとが越えがたい物理的、そして心情的な「壁」が園内と外部との間に存在していた。しかし戦後、人びとの出入りや往来が盛んになるにつれ、柊の垣根は低く刈りこまれ、園は外からのまなざしを受け入れるようになる。園内にある桜は毎年見事に咲き誇り、地域の人びとも集うお花見が開かれるようになり、外部とのつながりが強まっていく。

こうして外部と療養所との関係性が変動していくなかで、入所者の高齢化という現実が確実に進んでいく。新たな入所者はいない。これまでそこで人生を営んできた人びとが、この場所で死を迎えることになるのだ。

ハンセン病者として、療養所という世界でこれまで生きてきた自らの歴史には、いったいどのような意味があり、それをのちの人びとにどのように語り継ぎ、自らがそこで生きてきた証をどのように残していけばいいのだろうか。

著者は、療養所で進められてきた歴史記述の諸々の実践を検討し、人びとがいかに「終わり」と向き合おうとしているのかを明らかにする。さらに入所者がすべて亡くなり、療養所が解体された後に残る「ふるさとの森」という緑化活動がもつ意味をも、検討している。

著者によれば、現在も全生園には、その場所で営まれた生活をうかがうことができる無数の痕跡が残っているという。また入所者は数多くの手記や自伝を綴《つづ》り、それらは資料として収集・保存されてきた。そうした痕跡や資料自体、まさに彼らが全生園という場所で何をどのように考え、日常を生きてきたのかを後代の私たちへとつないでおきたいという、意思の現われなのである。

絶対的な隔離にあった被害者としてのみ、平板に了解するのではない。その制約のなかで、いかにして人びとは共同性を創造し、その場所で人間として生きてきたのか。そのことが了解されて初めて、隔離の不条理さもまた、私たちにいま一度響いてくるはずだ。入所者の語りや手記、自伝資料などに対する著者自身の誠実なまなざしや姿勢が、そのことを私たちに感じさせてくれる。

北澤毅・片桐隆嗣『少年犯罪の社会的構築――「山形マット死事件」迷宮の構図』

東洋館出版社、二〇〇二年

少年犯罪をめぐる言説、そして現実がいかにして構築されていくのか。この本は社会問題の構築主義的なフィールドワークの秀逸な作品だ。

著者たちが調査したのは、当時大きく世間に報道された「山形マット死事件」だ。この事件は、一応非行事実が認定され、法的処分も確定し、その意味では〝終わった〟事件である。しかし誰がなぜ、どのようにして一人の中学生を死にいたらしめたのか。真相は〝藪《やぶ》の中〟なのである。

ただ〝藪の中〟を解明することが最大の関心事であるとしながらも、著者たちは、同書は「事件の真相解明」をめざすものではないことを強調する。彼らの問題関心は警察、裁判所、マスメディアが事実認定し「事件」を構築していった過程の解読である。

おそらく著者たちは、関係者と出会い、話を詳細に聞き取り、供述調書など関連資料を読み直し、内容や論理の不自然さに気づくなかで、〝藪の中〟を解明できるかもしれない、いく筋かの光と出会っていたと思う。あるいは、真相が解明でき冤罪が明らかになれば――そのために少しでも役立つことができれば、と思ったかもしれない。同書の慎重な論述を読むほどに、そのような印象を受ける。

調査研究者が、個人のレベルでどのように感じ、考えようとそれは自由である。しかし社会学の調査研究は、基本的に、調査対象に倫理的・道徳的な評価や通俗的な価値観を当てはめたりすべきではないし、そうしたものに影響を受けるべきではない。

同書は、こうした社会学調査研究がもつべき要請から、著者たちが厳しく自らの立ち位置を定め、「事件」「事実」の社会的な構築のありようを詳細かつ慎重に「よみなおし」ていった営みなのである。

たとえばマスメディアは、単なる議論のアリーナ（闘技場）ではなく、ある解釈枠やストーリーを読者に提示し、緩やかに強制していくという意味で、強力な力を行使する主体といえる。同書においても、新聞報道で少年の死がいかなる「事件」として語りだされていくのかが、当時の新聞記事の詳細な解読によって明らかにされる。

「一般的に、新聞報道は、自らが問題の構築に参加している（きた）メンバーでありながら、メンバーとしての責任問題に自己言及することはほとんどない」と著者たちは述べ、新聞報道独自の語り口を、「ナレーター」としての語りと呼んでいる。

初期新聞報道の「よみなおし」から彼らが明らかにしたのは、「ある『出来事』の解釈枠組みとストーリーを構築し、メンバーを選びだし、そのエピソードやコメントを価値づけ、配置するという行為そのものに、問題の構築に関与するメンバーとしての性格を強く帯びている新聞報道の姿」であり、「ナレーター」としての立場に立つことで、そのメンバー性を隠蔽《いんぺい》しながら、問題の構築に自ら関わっていく「イデオロギカルな問題構築者」の姿であった。

同書は「少年犯罪の社会的構築」というタイトルをもつ。とすれば、誰がどのようにして少年の不条理な死をもたらしたのかというストーリーの構築に対する問いは必須の営みとなる。著者たちも、その営みを試行する。

ただ、彼らが正直に語っているように社会学研究者が「犯罪事実の製作過程」それ自体を調べることは極めて困難なのだ。

取調べ資料にはアクセスはできないだろうし、取調べをした人物にインタビューすることも難しい。法廷で示される資料は、すでにストーリーとして整理された供述文書であり、明らかに編集が加えられた言説である。

犯罪をめぐる事実の語りが、なんの歪みもなくまとめられることが保証されていれば、こうした文書に問題を感じることは少ないだろう。しかし「強要された自白」「冤罪」などの言葉が象徴するように、供述文書の「製作」をめぐる批判的な検討作業は、〃密室〃のなかで働くさまざまな力を検証するうえで、極めて重要な作業だ。

　著者たちが慎重に語っているように、こうした供述調書に含まれる内容の不一致や説明の不自然さを指摘し、いくら説得的に論じたとしても、「自白」という事実が、警察が仮説としてもっていた物語に合うように製作されたと〃実証〃することはできない。しかし、彼らが指摘する供述調書の不自然さは、私にはとても腑に落ちる。

　なぜだろうか。

　それは、供述調書でつくられている少年の死に至るストーリーに、「整合性」という意味を与えていく個々のパーツが、当日の体育館の状況や、中学生の日常的な意味世界からかけ離れた〈外部〉の情緒や論理、推論でできているからだろう。

　当時、暴行したとされた生徒たちは、少年との日常的な関係をどのように認識していたのか、体育館の用具室という場所が、生徒たちにとってどのような意味をもっていたのかなど、彼らが普段考え、感じていたことをもとにして、改めて事件の経過を検証しようとするとき、供述内容が語るストーリーの不自然さは、鮮明に浮かび上がってくる。

　同書は、被疑者当事者への聞き取りも含め、関係者への聞き取り、入手可能な資料を駆使し、言説構築のありようや、そこに孕まれた問題性を慎重かつ真摯に論じた、稀有《けう》なモノグラフだ。まだ読んでいない人は必読だろう。

川端浩平『ジモトを歩く――身近な世界のエスノグラフィ』御茶の水書房、二〇一三年

差別や排除を考えるとき、私たちがすぐに陥ってしまう罠がある。それは、実際に差別を受ける人、差別をする人の問題であり、自分とは関わりのない特定の誰かの問題だとして、自らが生きる日常からはずしてしまいたいという誘惑の存在である。

被差別部落問題、在日朝鮮人差別問題、障害者差別問題、性的マイノリティの問題などを、「〇〇問題」として整理して、非日常的なものとしてしまえば、そこへいたるための専門知の習得など一定の手続きを経ないことには、その問題との関わりはできず、その意味で、私たちの日常は、該当する問題がない日常として安定するだろう。

しかし、である。実際に私たちが暮らす日常では、差別や排除は一切生じていないのだろうか。言い方を変えよう。

日常に生起している差別や排除を、〝生きていくうえで考える必要のあるもの〟として、どのように認めていくことができるのだろうか。

こういう問いに対して、著者は「日常的なナショナリズムや差別・排除の解明に対する批判的アプローチ」として「ジモトを歩き」、その答えを求めてフィールドワークをするのだ。

「ジモト」とは何だろうか。それは、自らが生まれ育った場所としての「地元」ではない。さまざまな他者性が息づいている領域であり、それらが分断されている領域でもある。「出会ったことのない他者、身近な世界で知っているつもりになっている人びとの他者性、さらには自分自身の他者性を結びつけて理解することによって、分断されているように感じられる他者性のつながりが発見されていく」可能性に満ちた領域なのである。

この本は、岡山に生まれ、アメリカ、オーストラリアと「越境」を繰り返し、生きてきた著者が、「ジモト」を調べる意義を見出し、実際に生まれ育った岡山をフィールドとして、日常における私たちと他者性とのありようを検討し、そこに息づいている問題性を読む側に実感させようとするエスノグラフィーである。

具体的には、在日コリアンをめぐる記憶や、ジモトで生きている在日コリアンの若者の姿が解読されていく。

友人の職場に入りこみ、そこで働く人びととの日常を見つめる。そこでは北朝鮮バッシングがジョークとして語られることがあるが、それが何気ないこととして、いかに消費されていくのか。そして、それを消費していた人びとの「家庭訪問」をして、それぞれが在日をめぐる記憶をどのように「廃棄」してしまっているのかを明らかにしていく。

著者が出会った在日の若者たち。彼らは、民団や総連など、組織化・制度化された当事者の解放運動のなかで自らを「在日」としてカテゴリー化し、差別や排除に抵抗する存在ではない。以前に比べ、確実に解放運動が弱くなり、差別的な日常に対する抵抗の武器、あるいはそこから打ってでる基点としての「在日」というカテゴリーの力が弱くなっている現代社会において、彼らは、運動によるアイデンティティや、政治でつくりあげられた社会的エスニシティとしての「在日」に、自らをそのまま適合させることもできない。また、個人化された社会において、自己責任で最後までエスニシティを引きうける「力強い主体」にも容易になることはできない。

著者は、このことをエスニシティの二重の「不可視化」と呼ぶが、当事者はこうした生きづらさと日常的に向き合い、生きざるを得ないのである。

「特に差別されたことなどない」「そっちかい（合コンをしたとき、在日男性が本名を名乗った瞬間、場が白けてしまい、その直後に友人の女性が発した言葉）」「通学路でからまれて」「守られた民族学校の外へ」「歩いていく自分そのものがコリア」という語りがもつ、象徴的で実践的な意味が解釈され、「隠れ在日」と自らを呼ぶ若者の戦略的なエスニシティのありよう、戦術的な日常的実践のありようが読み解かれていく。

同書で描かれ、読み解かれる実践は、制度変革や差別撤廃を訴えるような運動的なものではない。個人が普段生きていくうえで、いかにエスニシティと向き合い、どのように引きうけ、どうその場で他者と折り合いをつけていくのかをめぐる、まさに日常的で微細で「平凡な」ものだ。

しかし、著者は個人化した現代社会にあって、日常的な差別や排除を、私たちが生きる日常の場で反芻・反省するために、こうした「平凡な」実践がもつ「迫力」をいかに私たちが感じ取れるかが重要だと語る。

私たちが生きる「ジモト」には、多様な他者性が息づき、せめぎあっている。そして、さまざまなかたちで他者性と断絶することで、差別や排除が生まれ維持されてきたのだ。

かつては、そうした日常の外部から、たとえば当事者の解放運動は「他者性を断ち切ろうとすること」の問題性を指摘し、差別や排除に安住する私たちの姿の危うさを教えてくれた。しかし、そうした力が脆弱になった現在、私たちは他者性とどのように向き合えばいいのだろうか。

「ジモト」を見直すこと。それはいま一度他者性と向き合うことであり、「他者と生きる想像力」を改めて確認することだ。そして「他者と共に生きる喜びへの渇望に改めて気づくこと」こそが、「夢をみることのできる地域社会を生成するための第一歩」だと、著者は「ジモト」で生きようとする人びとにエールを送るのである。

荻野達史『ひきこもり　もう一度、人を好きになる
――仙台「わたげ」、あそびとかかわりのエスノグラフィー』明石書店、二〇一三年

「本書は、すでに仙台で一五年以上、ひきこもり経験者の支援活動を行ってきた民間団体――NPO法人わたげの会と社会福祉法人わたげ福祉会――についての記録である」

著者は、「わたげ」に一〇年以上も関わり、フィールドワークをし、そこに集う人びとの声や思いを聞き取り、そこで得た分厚い多様な資料と実感をもとにして、「わたげ」という場所でいったい何が行われているのかを、できるだけ丁寧に描きだそうとする。

身も蓋もないようなタイトル。見た瞬間、少し驚いてしまうが、なぜこのタイトルなのか。その疑問は、同書を通読することで氷解していく。「わたげ」の外からさまざまな概念や理論枠を用いて、その実践をさも理解しつくしたかのように説明する本ではない。「わたげ」をつくりあげた中心人物、そこで支援活動を実践する人びと、「わたげ」に通い、泊まり、そこでさまざまな思いや変化を体験していく利用者、彼らの家族、「わたげ」を周辺で支えていく地域の人びと等、「わたげ」が展開してきた現実を構成し、つくりあげてきた当事者たちの声や思い、実践的な理論を取りだし、彼らの活動を意味づける〝言葉〟〝論理〟〝情緒〟に依拠しつつ、その現実の意味や意義を明らかにしようとした、とても刺激的で挑戦的なエスノグラフィーだ。

そして、タイトルの「もう一度、人を好きになる」。これは、当事者が自分をふりかえり、語った言葉だ。

同書の語りくちは、とても穏やかで静かだ。しかし「わたげ」での感動や、体験し了解できたこと、「わたげ」に貫徹されている人間の生き方をめぐる理念などを、なんとか読む側に伝えたいという著者自身の熱い思いは同書からあふれでている。

「わたげ」というフリースペースで実際に何が行われ、展開しているのかを説明する内容は、とても興味深い。

〈あそび〉と〈かかわり〉というキーワード。自信をどこかへ置き忘れ、他者と関わる余裕を失い、しかし他者となんとかつながりたいという欲はどこかに抱いているひきこもり当事者――。彼らは「わたげ」に来て、いろいろな営みをするなかで、人として生きるために必須の〝余裕〟を取り戻し、自分への〝自信〟を回復し、他者とともに生きていく〝欲〟を確認していく。

このように書くと、いかにも平板なまとめになってしまうので、ぜひとも同書を読んでほしい。それだけを取りだせば平板な印象になる、こうした〝あたりまえの言葉〟が、「わたげ」の日常や支援活動にとって、いかに分厚く深い意味をもっているのかが、著者の丁寧でしなやかな説明を通して、確実に伝わってくるのだ。

著者も書いているように、「わたげ」がもつ固有の論理や方法は、簡単にマニュアル化してどこか別の支援活動で使えるものではない。それをどのように理解し使うのか。個別の場面や現実において、その場そのときで考えざるを得ないだろう。しかし、「わたげ」に息づいている人間観や他者観は、ひきこもり当事者やその家族だけでなく、私たちの多くが、いまをどのように生きていくべきかを考える基本だと思う。

ひきこもりという出来事をめぐる、社会学的調査研究や批判的論考は、これまで数多く出されている。しかし、ひきこもり当事者やその家族への支援活動の実際を、フィールド調査する研究者自身の思いや情緒もフルに駆使し、当事者の声や思いを手がかりとしながら、できるだけ詳細に記述し、そこに息づいている論理や支援の方法を描きだし、よりトータルに支援活動の意味や意義を論じていく同書のようなモノグラフは、これまでなかった。

「冷静で科学的な記録」である必要など、まったくないと私はそう思う。なぜなら、人が〝快〟を求め、人とともに生きたいという〝欲〟を取り戻す実践は、そうした次元の記録では掬《すく》いきれない、〝人らしい〟出会いや思い、微細な心の動き、とても重要ではあるが見逃してしまうような一言、二言のなかに、生きているのだから。そして、その論理や方法の〝生きざま〟を描きだそうとした本書は、すごいと思う。

中村英代『摂食障害の語り――「回復」の臨床社会学』新曜社、二〇一一年

この本は、現代社会における特徴的な社会病理現象といえる摂食障害（過食症・拒食症）をめぐる質的研究だ。

著者は「人びとは摂食障害からどのように回復しているのか」という問いを設定し、回復した人びと一八名に対して、丁寧なインタビューを実施し、回復過程の実際や、その過程を特徴づける論理などを明らかにしている。

従来、摂食障害は医療などで「病気」として考えられ、いかに「治す」かが語られてきた。しかし他方で、医療の専門的な治療を受けることなく、多くの人びとが「回復」しているという事実もある。

著者は、「病気」としての「治し方」の研究ではなく、当事者が自らの工夫や生活へのさまざまな気づきのなかで、いかに回復したのか――すなわち「治り方」の研究がいまだなされていないことを主張し、同書の主眼を、当事者たちにとっての「回復」を把握することに設定する。

序章で端的に語られているが、著者自身もかつて摂食障害を経験した当事者であり、そのときの経験を語る語彙や論理をもたなかったことが、この研究を衝き動かすエネルギーだったという。摂食障害に苦しむ多くの人びとに対して、当事者自身が見出した「回復」の過程を提示する意義が、社会問題や社会病理の領域で近年展開しつつある当事者研究とのつながりを想定しながら議論されており、社会学的にもきわめて有意義な内容だ。その後、一八名のインタビュー調査の概要がまとめられている。

従来、社会学などでは、摂食障害は個人の心理やパーソナリティに関連するというように個人に還元したり、家族こそが問題だとして養育上の問題や家族関係に原因を求めたりしてきた。また、フェミニズムやジェンダー論からは、女性が置かれた社会環境こそが問題だと説明されたりしてきた。しかし、いずれも「原因論」の範疇《はんちゅう》にあり、そうした「原因」論は、「原因はこうだから、あなたはこのように考え、いまをこのように変えるべきだ」と当事者をエンパワーするものでもないし、「回復」に向けての具体的な行動の指針を与えるものでもない。

むしろ、こうした「原因」論の枠内では、当事者は、摂食障害という「問題」の被害者として、治されるべき存在として、つねに力を奪われた受動的な存在として理解されてしまう。

それに対して著者は、「回復」論の枠組での先行研究を例証し、回復するための多様な知や関係性をもつ能動的な存在として当事者を理解し、当事者が生きてきた論理を取りだそうとする。

同書では、著者がインタビューした一八名の回復者の語りが丁寧に紹介され、その回復過程が考察される。個別の語りで展開される物語も興味深いが、著者は、そのなかに共通する二つのプロセスがあることを指摘する。

一つは「強い痩《や》せ願望が緩和されていくプロセス」。痩せることに究極的な価値を置き、それに呪縛されていた当事者が、多様な契機を通して解き放たれていく過程だ。

もう一つは極端な減食や嘔吐、過食をやめ、一日に三度きちんと食事をとる等、「一定量の一般的な食事をするようになっていくプロセス」。

前者が価値次元の変容だとすれば、後者は行動次元での変容だといえる。

この二つを通して、当事者は、自らの身体、それ自体に向き合うことができるようになり、「食欲」も、いま一度自分がコントロールできるものとして、自己へ再統合されていくのだ。

この研究で明らかになった知見。それは端的にいえば「過度な痩せ願望がなくなり、食生活が改善されれば摂食障害は回復する」ということだ。ある意味では極めてシンプルであり、「あたりまえ」なことかもしれない。

しかし、当事者にとっては、日常を超越したところから自らの存在を見直すのではなく、日常を生きていくなかで〝生きづらさ〟を見つめ、そこから自らの存在を浮上させていく大きな力をもつメッセージではないだろうか。

また著者は、摂食障害を原因に還元するモデルではなく、発生から回復までの経緯を捉え直す相互作用モデルとして捉える意義を改めて確認している。

どういうことかというと、当事者は、さまざまな他者や専門的な言説に触れ、相互作用するなかで、摂食障害をめぐる多様な物語と出会うことになるが、そこで自分の状態を自らが解釈し得るという解釈権――より象徴的な言い方をすれば、自分自身のヴォイス（声）――をいかに獲得するかが、当事者の「回復」にとって必須であると主張しているのだ。

同書は、摂食障害という社会病理現象をめぐって、当事者の語りを深く聞き取り、そこで展開される「回復」にいたる論理や物語を丹念に抽出し、当事者が主体的に自らの状態を変容するためにはどうすればいいのかを明確に提示し得た、独創的で意義あるモノグラフなのである。


前田拓也『介護現場の社会学――身体障害者の自立生活と介助者のリアリティ』

生活書院、二〇〇九年

「介助というおこないは、よいことであると同時に負担であること、つなぐと同時に切り離すこと、そして、支援すると同時に介入することといった両義性を常に孕んでいる。こうした両義性に、ときに戸惑い、ときに拒絶し、ときに引き受け、そしてときに諦めながら、しかしそのただなかでなんとかやり続けていくこと」

著者は同書の最後でこのようにまとめ、介助者と呼ばれる人びとの実践を詳細に記述し、彼らが具体的な場面で直面する、さまざまな意味の葛藤をどのように生きているのかを明らかにしたこの本の意義を語っている。

障害をもつ人びとが自立し、地域で暮らそうとするとき、生活の諸場面で他者からの介助を受けることは必須の要件だ。ただ、介助をするという営みは、介助をする人の一定の時間やエネルギーを、障害をもつ人びとに提供することであり、介助がどのような意義をもって担われるべきかをめぐり、障害者運動や障害者を支援する介助者運動のなかで、さまざまに考えられてきた。

この本でもとりあげられているが、介助する者はあれこれ考えずに、障害者の意思や意向がスムーズに実現できるよう、物言わぬ道具や「手足」に徹するべきだという「障害者手足論」は、一つの理念型だろう。

確かに、これは優れた理念かもしれない。しかし、これまでの障害者運動や介助者運動の歴史が示してきたように、障害をもつ人びとも介助する者も、ともに多様な感情や考えをもつ〝生きている存在〟なのだ。だからこそ、理念通りにことは運ばず、さまざまな葛藤や衝突が生じてきた。

そして現在では、アメリカの自立生活運動の理念や実際が日本にも浸透し、介助を労働として捉え、労働に対して報酬を得るかたちで相互の立場を確保しようとする、自立生活センターを中心とした現実が展開しつつある。

著者自身も自立生活センターで介助者として働いていたが、仮に労働契約の関係だとしても、障害ある人を介助するという経験が孕む問題性は、解消しない。

同書では、入浴や排泄などプライベートな営みを介助するとき、障害をもつ人と介助者との身体接触がもたらす何かも含め、そこでいかなる感情が喚起され、また社会性が保持されるのか等、身体介助をめぐる微細なリアリティのせめぎあいが、詳細に解読されていく。

それはまさに「あたりまえ」の話なのだが、生身の身体をもつ人間どうしが――さまざまな歪みを潜在させた心をもつ人間どうしが、お互いに触れ合い、何かをするときに必然的に生じるリアリティの動揺であり変動だろう。

そして、こうしたせめぎあいや動揺は、「障害者手足論」といった理念では解消し得ない、相互行為次元における〝生きられた問題〟なのである。

入浴場面での介助経験から、介助現場における身体距離とセクシュアリティを論じた「パンツ一枚の攻防」の議論など、著者特有の発想と語りくちはユニークであり、とても興味深い。また、日常の決まりきったことを支障なくこなしていく「ルーティン化」された介助がいかに難しいかという論点も、興味深いものだ。

著者が述べるように、たとえば「風呂入れて」と言われたとき、その要請は、単に障害のある人の身体を湯船につけ、身体を洗うということだけから成るのではないだろう。

私自身が風呂へ入るときのことを振り返っても、湯船にどれくらいお湯をはるか、替えの下着はどこに置くかなど、まず意識されることのない無数の手続き、手順を踏みながら「風呂に入る」という営みを〝生きている〟ことに気づくのだ。

それを他者である介助者が、障害をもつ人に一つひとつ確認しながら、介助という営みを進めていくとすれば、お互いが相当、気疲れする可能性をもった相互行為となる。

だからこそ、それをいかに「ルーティン」として了解し、スムーズに介助していけるのか、あるいは、そうした介助を受けられるように障害をもつ人がいかに工夫するかなどは、自立生活を支障なく進めていくうえで、お互いが、阿吽《あうん》の呼吸で配慮し、解決すべき大切な問題なのだ。しかし「ルーティン」に「慣れて」しまうと、そこで両者の間の距離の維持など、新たな問題が生じてしまうのである。

この本を読んで改めて感じるのは、介助する—受けるという相互行為の圧倒的な非対称性である。もちろんお互いに一定の関係ができあがれば、言わなくても了解できる「察し」のコミュニケーションも可能かもしれない。しかし著者も語るように、介助者は基本的に固定されるものではないし、「出入り自由」なのだ。とすれば、障害をもつ人びとは、新人介助者に対して、つねに自分はどうしたいのかを逐一説明することになり、これは相当エネルギーが必要なしんどい営みではないだろうか。

介助という営みがどうしてももってしまう、さまざまな問題群が、著者特有の文体——自らの経験をつねに振り返り、そこにどのような意味や情緒が喚起しているのかを執拗に探り当て、その実感からさらに論理を立ち上げようとする自己言及的な文体——を駆使し、介助経験のリアリティそれ自体が説得的に語られる。この文体は、自分だったらどうするかと、読み手に思わず振り返りをさせてしまう力をもつ興味深いものだ。

六車由美『驚きの介護民俗学』医学書院、二〇一二年

大学をやめ、縁あって老人ホームで介護職員をしている著者。介護の仕事をしながら、そこが民俗研究をする者にとって、驚くべき宝庫であることに気づいていく。

認知症を患っている女性や男性。病気というまなざしから見れば、彼らは「患者」「病者」であり、それに向けた治療法やコミュニケーションの仕方を、医療や看護という場所から考えるほかはないだろう。

しかし著者は、彼らがその場その場で語る、独自の語りや声に注意深く耳を傾け、彼らから物語を聞きだそうとする。それは彼らの記憶の奥底に沈みこんでいたものであり、幼いころに慣れ親しんだ遊びをめぐる慣習や伝承であり、家族で暮らしていたころの生活習慣の語りであり、仕事に精を出していたころの労働や技能をめぐる語りだった。

それらは昔の生活や民俗を描きだすものであり、著者は、認知症のお年寄りがそうした生活民俗をめぐる記憶を鮮明に語りだすことに、驚いたのである。

老人ホームで暮らすお年寄りや通所サービスを受けるお年寄りたち。彼らにはそれぞれ異なる生活の歴史があり、彼らが生きてきた文化の記憶がある。考えてみれば、これは「あたりまえ」の事実なのだ。ただ、スタッフがぎりぎりの厳しい労働環境のもとで、こうした「あたりまえ」の事実はどこかに置き忘れられ、看護する者は、目の前の「患者」への限られた介護対応に追われていく。しかし著者はそうした体験を踏まえたうえで、介護民俗学の可能性を提起していくのである。

民俗学はこれまで介護の現場を関心の外にしてきたし、介護民俗学というジャンルもこれまで存在したことはない。同時に、介護の現場で民俗学の知識が役に立つと考えられ、利用されてきたこともない。しかし「実際に現場に入ってみると」「介護現場は民俗学にとってとても魅力的な場所」であり、「民俗学でこれまで蓄積されてきた知識や技術が介護現場に役立つ可能性」があると著者は考えている。

民俗学が次世代に継承していくのは、何も民具や芸能だけではない。老人ホームを利用するお年寄りが、これまでさまざまに生きてきたなかで記憶している民間伝承や地元の文化、生活慣習、労働をめぐる技術などを、人びとの記憶として資料化し保存していくのも、民俗学にとって重要な課題である。

著者は、利用者の語りに丁寧に寄り添い、利用者とともに語りを『思い出の記』としてまとめ、当事者が生きた証を残していく試みの意義を語っている。

施設を利用することは、広義の意味で利用者にとってのターミナルケア（終末医療・看護）だ。だからこそ、その人が人生を生ききった証を、民俗学の聞き書きを通してかたちとして残していく営みは、介護にとって重要な作業ではないだろうか――。

実際に介護民俗学を広めていくには、多くの段階が必要だろう。民俗学を教える課程に、介護現場が魅力あるフィールドであることを浸透させる必要もあるし、福祉や介護サービスを立案・実施していく人びとに対して、利用者の語りに寄り添い、語りを引きだし、共同でまとめていく作業が、ケアにとって意義あるものだということを納得してもらう必要もあるだろう。

ただ、私はこの本を読み、著者の言う介護民俗学に驚き、その実践的な可能性に魅力を感じた。介護の仕事をする人にとって、必読だろう。

補論２　質的調査方法論テキストの使い方

「はいりこむ」「ききとる」「よみなおす」――。

これらは以前、私が社会調査のテキストで事例研究について書いたときに、副題であげた言葉だ。「はいりこむ」＝参与観察、「ききとる」＝生活史聞き取り・インタビュー、「よみなおす」＝新聞雑誌などの言説分析。

もちろん他にも質的な調査研究の仕方は多様にある。ただ私は、自分の身体や五感を駆使して、人びとが〝生きて在る〟現実を質的に調べようとするとき、この三つの動詞が基本だと考えている。

この発想から、以下では、私がおもしろく読み、実際に質的調査やインタビュー、聞き取り、映像分析、言説分析などをしようとするときに参考になり、加えてさまざまな刺激を受けると感じたテキストを紹介しておきたい。

山北輝裕『はじめての参与観察――現場と私をつなぐ社会学』ナカニシヤ出版、二〇一一年

社会学、教育学、社会福祉学など、人びとがさまざまな問題を抱えながら生きている現実を調べようとする学問に興味をもち、学部や学科に入ってくる学生たち。

彼らの多くは卒業論文で、社会問題や教育、福祉、看護など、人びとが問題を〝生きて在る〟現場を訪れ、そこに入りこみ、観察し、自らの問題関心を深めようとする。

この本は、なんとかして現場に向けて動いてみたいと思うこうした学生さんたちにとって、読みやすく、必読の文献だ。

「参与観察をはじめる方へ」「出発前・出会い」「現場初心者」「現場の作法」「現場での違和感」「メンバーになる頃」「問題化する」「参加の渦中に話を聞く（1）―神聖化された信頼―」「メンバーと調査者の間」「参加の渦中に話を聞く（2）―もめごとと複数の秩序―」「対象を描く」「現場を去る」「社会へ投げ返す」

同書の各章のタイトルを並べてみたが、とてもわかりやすい。現場に向かい、現場で多様な人と出会い、どのような「参加」が可能なのか、「参加」した後、何をどのようにまとめるのか、という調査の過程が見えてくる。

著者が、学部から大学院にかけて実際に行った野宿者をめぐる調査実践を詳細に反芻しながら、その過程での成功や失敗について、それぞれどのような意味があるのかを反省しつつ、「現場で調べること」とは何かを語りだしたテキストだ。

その意味で、語られている言葉や論理、情緒は、どこか宙を飛んでいるのではなく、つねに著者自らの体験的な生の記憶とつながっていて、とても迫力があり、説得力を感じる。

さらにそうした体験語りが、なぜどのようにして可能になるのかも、わかりやすく説明してくれる。つまり現象学的社会学やエスノメソドロジー、社会問題の構築主義的分析、人類学的フィールドワークの基本的知、質的調査をめぐる方法論の基本などが、それぞれのトピックに適合するかたちで説明され、さらに理解を深めたい場合には、これこれの文献を読むべしといった案内までもされている。

「もはや参与観察とはこれまでの〈私〉の生き方をどうしようもなく見つめることになり、そして対象の人びととの出会いをとおして違う〈私〉への変化を羨望し、過去の自分の生き方と少なからず衝突しながら、実際に成長し、今後の〈私〉の生き方を強く方向付けていく、〈私〉と他者との生活の分ち難いぶつかりあいなのです」

表紙に書かれている文章が、このテキストの〝生きられたおもしろさ〟を象徴している。

どのようにしたら現場で人と出会うことができ、交信できるのか、各自の問題関心をじっくり考え、著者が体験したさまざまな人や現実との衝突、せめぎあいなどを具体的に想像しながら、自分の場合はどうなるだろうか、などと考えることができる、とてもいい道案内としてのテキストといえるだろう。

ただ一点だけ、この本には欠点がある。それは値段が高すぎることだ。できれば多くの学生に手にとって読んでほしい。そのためには同様の内容で、さらに最新の著者の体験語りも書きこまれた、安価な新書版の刊行を望みたい。

他に必読だと思うのは、すでに本文でおもしろさを紹介した**菅原和孝編『フィールドワークへの挑戦――〈実践〉人類学入門』（世界思想社、二〇〇六年）**である。このテキストは本当におもしろい。

学部生が自らの問題関心にもとづきフィールドワークし、報告を作成する。編者は、その拙《つたな》さ、つっこみの不十分さなどを容赦なく切り捨てるとともに、おもしろい報告については、なぜおもしろいのかを平易に語ってくれる。

どこか遠い場所まで行く必要はない。自分が暮らしている日常生活世界で十分に人が〝生きて在る〟ことを調べることが可能だ。そのことを、同書を通読することで改めて実感できる。

もう一冊は、すでに定評を得ているが、標準的なフィールドワークの作法を丁寧に語ってくれている**佐藤郁哉『フィールドワークの技法――問いを育てる、仮説をきたえる』（新曜社、二〇〇二年）**だ。シカゴ社会学、アーバンエスノグラフィーの薫陶を受けた著者が、冷静で客観的で醒めたフィールドワークの作法とは何かを伝授してくれる。

武田丈・亀井伸孝編『アクション別フィールドワーク入門』（世界思想社、二〇〇八年）、**小國和**

子・亀井伸孝・飯嶋秀治編『支援のフィールドワーク――開発と福祉の現場から』（世界思想社、二〇一一年）。福祉、開発、支援という志向性が明確なフィールドワークの論集も興味深い。

鯨岡峻『エピソード記述入門――実践と質的研究のために』東京大学出版会、二〇〇五年

社会問題やさまざまな〝生きづらさ〟を抱えて生きている人びとの現実をめぐり聞き取りなど調査をしているとき、対象となる人びとの現実をどのように把握すればいいのか、多様な社会学の理論や思想などを参照するだろう。こうした営みは、現実の意味を理解するうえで必須であり、間違いないものだ。

しかし他方で、聞き取りなどで〝生きられた〟人びとの語りや姿と出会うことで、そうした理論や思想の言葉や意味などではけっして捉えきれない人びとの心や思い、理念や思想について〝腑に落ちる〟瞬間がある。あるいは、看護や医療、教育問題などで、人びとの実存的な生のありようを感じ取る経験がある。

こうした瞬間や場面で、私たちが感じ取る何かは、いわゆる科学的な手続きをへて整理されていく証拠でもないし、検証可能なものでもないだろう。むしろ一回限りの、その場そのときの体験知であり、臨床場面での知といえるかもしれない。しかし、こうした〝生きられた〟人びとの姿や語りとの出会いは、質的な研究にとって重要な手がかりであり、知的源泉なのだ。

では、こうした人びとの生と出会う瞬間、〝生きられた〟生の姿を感じ取る瞬間、そこに何があり、何が起こっているのかを確認するために、私たちは何をすべきなのだろうか。

著者は、こうした体験を「エピソード」と呼び、それを記述することの意味や意義を積極的に語りだす。

著者も語っているように、フィールドは単なる仮説検証のための道具ではないだろう。エピソード記述とは「フィールドに頻繁に足を運び、その場と人に素直になじみ、相手を主体として受け止める対人関係の基本姿勢を身につけ、関わり手である自分自身を客観的に見つめる術を身につけ、そして記述のためのいくつかの手続を踏めば、誰にでも接近できる方法論」なのである。

人と人の間で生じるもの。それは名状しがたいものかもしれない。そしてそれはフィールドや臨床の場で、いわば間主観的に把握される何かだろう。また、何かを調べようとする私の感情の奥底に響いてくる、ある力のようなものかもしれない。

いずれにせよ、こうした間主観的な体験において、私のなかから湧きあがってくる感動が、「なんとかいま、ここでのこの体験を描きたいし、伝えたい」と思うエネルギーなのだ。

ただ、著者は「事象にあくまで忠実に」記述すべきだと釘をさす。エピソード記述は、エピソードの読み手に興味や感動を与えることが目的ではないのだ。そこが小説等のフィクションとは異なる。エピソード記述は、事象に忠実であり「人の生のアクチュアリティ」を可能な限りあるがままに描きだすことで、結果的にエピソードの読み手に感動を与えることになるのだ。

たとえば私は、脳卒中で倒れた母親を毎日見舞い、少しでも早く自分のことを認知し、リハビリを重ね、できる限り回復してほしいと願う。母親は、声をかけても自分を見つめてくれず、すぐに目を閉じ眠ってしまう。

そうした日々が続いた後、あるとき、「おかあさん、足上げてみて」とマヒしていない足をさすりながら、声をかける。その瞬間、母親は私を見つめ、足を少しあげたとする。「えっ」私の言うことがわかったのだろうか。それともたまたま反射的に動いただけなのだろうか。私の声がわずかでも母親に届いたのかもしれないといううれしさと、本当にそうなのだろうかという不安が同時に私のなかに起こる。さらに、言葉も表情も戻らない母親とつながるために、どうしたらいいのだろうかと考えながら、私は足をさすっている。

こんな情景を想起するとき、私は何をどのようなかたちで記述できるだろうか。

この本は、実証主義的、科学主義的に事象を把握し描きだそうとする営みにはおさまらない、私たちのフィールドにおける体験を、いかにして捉え、その体験で感じ取った意味をいかにして他者に伝え得るのかを模索するにあたって、参照できる優れたテキストといえる。

そのうえで興味深いのは、同書が私たちに示してくれる方法論は、誰もがこのようにすればできるという客観的な手続きではないことである。エピソードを記述しようとする私たちの人としての思いや存在のありようがつねに問われ続け、具体的な記述のスタイルや言葉もそのつど意味が問い直されていく、いわば実存的な方法論なのである。

桜井厚・小林多寿子編著『ライフストーリー・インタビュー――質的研究入門』
せりか書房、二〇〇五年

学部学生の卒業論文の相談を受けていると、アンケートをとりたいという希望がよく出てくる。ただ、アンケート調査をしたいという学生の多くは、とくに検証したいと考える明確な仮説がない場合が多く、調査のやり方を聞いてみても、「新橋の駅前で一〇〇人のサラリーマンに聞きました」というような発想の域を出ることはまずない。

そのとき、私は「やってもいいけど、それは統計的な意味はほとんどないし、おおまかな傾向がこうかもしれない、といえるだけだよ」とアドバイスし、「あなたが考える問題関心をより深めるためにアンケートをしようと考えているのなら、その関心について、何人かの知り合いとじっくり話し合ったり、あなたの関心をめぐる出来事について、知り合いがどのように考え感じるのか聞いたり、また、知り合いがその問題を生きてきたのであれば、その人に聞き取りをしたほうが、ずっとおもしろいよ」と語りかける。

そんなものかなぁ、と私のアドバイスを聞いて、アンケートから聞き取りへ軌道修正する学生もいれば、「先生の言うことはわかりました。でも私はアンケートをします」と、あたかも社会学は質問紙調査をしないと調査をしたことにはならないとばかりに、学生の豊かな想像力をかきたてることをしない、貧しい社会調査テキストの中身を大事に守ろうとする学生もいる。私自身、彼らがやりたいと思う調査方法を使えばいいと思っているので、それ以上強引にこうしなさいと言うことはまずない。

ただ「聞き取りをしたら」というアドバイスをすると、学生には、アンケートをわざわざつくって人数分用意する必要もないし、わりと簡単にできるのではないかという思いが湧くようなのだ。でも聞き取りは、そんな簡単な作業ではない。

聞き取りをしたいと最初から考える学生の多くは、いまの世の中で、さまざまな〝生きづらさ〟を抱えて生きている当事者や、多様な差別、排除、社会問題を生きている人びとの「生きざま」に関心がある。こうした関心はとても意義があり、興味深いのだが、さらに学生に「どうして、そんな問題や〝生きづらさ〟に関心があるの」と問いかけると、なかなか答えが返ってこないことが多い。

「いや、最近、ゲイの人がカミングアウトしてテレビで活躍されているし」など、彼らの現実を調べたら「おもしろそう」だ、という思いが述べられることがある。

「でも、そんな思いで、ゲイの当事者に話を聞きたいのだとあなたが言うとしたら、相手はどう思うだろうかね。あんたらおもしろそうだから、話を聞かせてと言われたら、相手はどう思う、と思う？」

私は別に、「おもしろそう」だから話を聞きたいという思いがダメだと言うつもりはない。学生たちがそう感じる奥に――彼ら自身の想像力の奥に、何かが息づいており、その何かから「おもしろそう」という思いが醸成されつつある過程を、本人たちになんとか気づいてもらいたいから、そうやって語りかけるのだ。

学生たち自身がまだ気づいていない、あるいは自分の言葉になってはいない、彼らの問題関心の底にある何かを彼ら自身で〝聞き取ろうとする〟営みは、相手の話を「聞き取る」作業と表裏一体なのである。

「語り手の人生や経験とふれ合い、それを理解し、解釈するためには、何が根本的に必要だろうかと問われれば、直接、対面しているもうひとつの生、聞き手であり、調査研究している『自己』の人生だと答えるほかはない。その意味で、『自己』はライフストーリー研究の重要なツールにほかならない」

これは『ライフストーリー・インタビュー』の表紙に書かれている言葉だ。

私もこの通りだと思う。

聞き取りという営みは、相手から、単に相手の人生や経験をめぐる情報を、相手の語りを通して入手するという、機械的で一方向的な作業などではない。それはつねに相手と「聞き取ろうとする」私の人生や経験が衝突し、せめぎあい、あるいはすれちがう営みであり、〝生きられた〟語りや知に出会おうと思えば、「聞き取る」という営みを、私がどのように〝生きる〟のかが、鍵となるだろう。桜井たちの言葉でいえば、それは「相互行為」であり、相互行為としての「聞き取り」

という実践なのである。

このテキストでは、「相互行為」としての聞き取りを、どのように実践していけばいいのか丁寧に説明してくれる。

どのようにテーマを決め、調査を始めるにあたっての倫理的な問題をどのように考えたらいいのか。実際に聞き取りをする場合、語り手とどのように出会い、そこでどのようにコミュニケーションすればいいのか。あるいは、そもそもコミュニケーションできるのだろうか。

聞き取りを終え、録音したものをどのようにテキストとして書きおこし、どのように解釈するのか。あるいは、そもそも解釈できるのだろうか。また解釈したのち、語り手のライフストーリーをどのように書くことができるのだろうか、等々。

もちろん、テキストに書かれていることを順守する必要はないが、著者自身の体験や資料にもとづく説得的な論述を読むことで、ライフストーリーを聞き取るという調査実践を追体験しつつ、自分の場合はどうするか、を考えることができる優れたテキストだ。

他にも、「相互行為」としての聞き取りを理論的に考えるうえで、ジェイムズ・ホルスタイン、ジェイバー・グブリアム、山田富秋・兼子一・倉石一郎・矢原隆行訳『**アクティブ・インタビュー――相互行為としての社会調査**』（せりか書房、二〇〇四年）、桜井厚『**インタビューの社会学――ライフストーリーの聞き方**』（せりか書房、二〇〇二年）は必読だろう。

松田素二・川田牧人編著『エスノグラフィー・ガイドブック――現代世界を複眼でみる』
嵯峨野書院、二〇〇二年
小林多寿子編著『ライフストーリー・ガイドブック――ひとがひとに会うために』
嵯峨野書院、二〇一〇年

質的な調査研究を進めるために、ある場所や現実に入りこもうとするとき、あるいは多様な社会問題と正面から向き合ってきた人びとと出会い、彼らから話を聞き取ろうとするとき、私たちは、間違いなく戸惑いを覚え、不安にかられるだろう。はたしてこのような方法で、当該の現実に入りこんだり、具体的に向き合っている人に問いかけたりしていいのだろうかと――。

こうした戸惑いや不安は、つねに生じるものだ。だからこそ、そういう感情を解消する術を探そうとするのではなく、調査する過程で、いわば自然と起こってしまうものとして捉え、それ自体がもつ意味を考える。

では、そのためには、どのような作業が必要だろうか。

これまで行われてきた優れた調査実践や聞き取りの成果をじっくり味わい、こうした過去の実践がどのように行われ、そこにどのような問題が息づいていたのかを推測し、想像することが必要だろう。つまり、過去の質的な調査実践の傑作を味わうべきなのだ。

ここにあげた二冊のガイドブックでは、人類学、そしてライフストーリーという二つの知的実践領域における多様な成果を整理し、それぞれの内容や意義が簡潔に語られている。私は学生に、宮本常一の『忘れられた日本人』は必読だと薦めている。平易な語りくちで、ここまで日本の民衆文化が語れるのだ。

イギリスの労働者階級の若者文化を生き生きと描きだす、ポール・ウィリス『ハマータウンの野郎ども』。若者文化研究を考えるとき、多様な刺激を受ける作品だ。院生時代に読みこんだオスカー・ルイス『サンチェスの子どもたち』『貧困の文化』『ラ・ビーダ』。聞き取りの語りを通して、ここまで文化が読み解けるのだ。中野卓『口述の生活史』。個人の生活史を丹念に聞き取り、読みおこすことで、社会や文化が見えてくる生活史研究の古典だ。

石牟礼道子『苦海浄土』。そうか、これも優れたエスノグラフィーだったのだ。水俣病問題は、いまの学生にとって歴史の一端になっている。だからこそ、いま必読なのだろう。

鵜飼正樹『大衆演劇への旅』。これは〝調べる私〟と現場との徹底した反省、あるいは往還からなる、リフレクシブモノグラフの傑作だ。同じく鵜飼正樹『見世物稼業』。大道芸を生きてきた人物の一代記。当事者の語りと、それを傍証する詳細な歴史的注釈が読み手を圧倒する作品だ。

見田宗介『まなざしの地獄』。社会学のおもしろさが枯れることなく湧きあがってくる、底知れない魅力をたたえた作品だ。

田代順『小児がん病棟の子どもたち』。死と向き合う子どもたちが〝生きる〟病棟、そこから感じ取ったリアリティを繊細に描きだす医療人類学の傑作だ。

掛札悠子『「レズビアン」である、ということ』。女性同性愛という現実とは何か、彼らを差別排除する社会や文化とは何か、を考える原点となる作品。そうか、この自分語りもまたライフストーリーのあり方なのだ。

石田忠編著『反原爆』。原爆被害を受けた人びとの思いや苦しみ、痛みが凝縮されて語りだされる。「被爆者」というカテゴリー化の平板さと暴力性に思いいたる。

桜井厚・岸衛編『屠場文化』。桜井厚『境界文化のライフストーリー』。差別に向き合いながら、人びとはどのように生きてきたのだろうか。被差別の生活文化の重厚な聞き取りの成果だ——。ガイドブックには、もっと多くの読むべき古典や現代社会のいまを読み解く作品がとりあげられている。ぜひ、これら二冊をじっくり読みこみ、オリジナルの作品も読破してほしい。

関連して**藤田結子・北村文編『現代エスノグラフィー——新しいフィールドワークの理論と実践』**(**新曜社、二〇一三年**)が興味深い。副題にあるように、現代社会や文化の変容を把握するために、新たに創造されたエスノグラフィーのかたちや意義が簡潔に紹介されている。ここで言及されている新たな作品やテキストもまた、読むべきものだろう。

串田秀也・好井裕明編『エスノメソドロジーを学ぶ人のために』世界思想社、二〇一〇年

エスノメソドロジーとは何か。どのような発想で、私たちの日常を読み解こうとするのか。これまでどのような成果が生みだされてきたのか。

いま日本の社会学を中心とした分野において、エスノメソドロジーという言葉や発想はしっかり定着しているといえる。当初、山田富秋、山崎敬一と私の三人で紹介し、精力的に論集などをつくってきたころに比べると、隔世の感がある。

さまざまなテキストがつくられ、翻訳されてきたが、同書は、社会学的な視座のもと、日常的な秩序現象だけでなく、制度的な世界、多様な社会問題を生きる人びとの現実を読み解くうえで、エスノメソドロジーという発想がいかに有意義であるのかを語っている。

私たちは、日常で言葉をどのように使っているのか。私たちの身体と環境との関わりはどのようなものであり、道具を使うという営みはどのようにつくりあげられてきたのだろうか。「大人である」「子どもである」ことは、お互いに日常でどのようにして認知し合い、達成されているのだろうか、「男性であること」「女性であること」のカテゴリー化は、日常でどのようにつくられているのだろうか、また、その男性性、女性性は、私たちが生きていくうえで、〝適切で〟〝気持ちのいい〟ものなのだろうか。

まず、私たちがこうした日常を〝生きて在る〟ことをめぐる基本的な秩序について、エスノメソドロジーではどのように把握できるのかが語られる。そのうえで、ニュースショーなどのトークの解読や、携帯電話やスマホのコミュニケーションなど、メディアと私たちの日常というテーマ、学校教育場面や医療場面でのコミュニケーション分析、障害者・高齢者施設などの「施設」で暮らすことをめぐるエスノメソドロジー的解読の可能性、法律をめぐる討議など法現象のエスノメソドロジーの可能性が語られる。

これらは、私たちが日常、多様な制度的世界、制度的秩序をいかに〝生きて在る〟のかを解読する、社会学的な分析の「応用編」とでもいえるだろう。

さらに、エスノメソドロジーの始祖であるH・ガーフィンケルが抱いていた構想が説明され、H・サックスの思想と会話分析の展開が語られる。

エスノメソドロジーは日常的秩序を読み解く発想や方法として有効だが、それは社会問題研究にどのような新たな意味をもたらすのだろうか。また、社会調査という実践に対して、エスノメソドロジーにはどのような革新的意義があり、たとえばサーヴェイインタビュー（調査のための聞き取り）をエスノメソドロジーによって批判的に検討できるのか。

こうした思想や方法、調査批判、実践への応用可能性が論じられている。

エスノメソドロジーを、単に対面的状況を微細に分析するための方法として考えるのでなく、私たちが〝生きて在る〟社会をいかに新たに見直すことができるかという〝ものの見方〟として考えるとき、そのおもしろさやラディカルさがよりいっそう感じ取れるのではないだろうか。

同書の他にも、優れた論集、テキストとして**好井裕明・山田富秋・西阪仰編『会話分析への招待』（世界思想社、一九九九年）**、**前田泰樹・水川喜文・岡田光弘編『エスノメソドロジー――人び**

との実践から学ぶ』（新曜社、二〇〇七年）、**鈴木聡志『会話分析・ディスコース分析――ことばの織りなす世界を読み解く』**（新曜社、二〇〇七年）がある。ぜひこれらも読んでほしいと思う。

北澤毅・古賀正義編『質的調査法を学ぶ人のために』世界思想社、二〇〇八年

人が人を教え、人が人を育てる。教育という現象に向かうとき、質的な分析は必須だろう。ただ、著者たちが言うように、そこには質的な「データ収集の容易さと分析の困難」が存在している。

確かに以前に比べ、映像ははるかに容易に撮ることができるようになったし、授業や相談場面なども、簡単に録音できるようになった。しかし、そうした映像や録音起こしをそのまま質的データだと考えるとすれば、それは大きな間違いだろう。分析する者の問題関心に見合うように、生の録音や映像を質的なデータとして加工しなければならないし、ある発想をもとにしてデータを読み解くことで、初めて質的な調査分析が可能になるのだ。

ある意味「あたりまえ」のように思えるこの事実を、同書は丁寧に説きおこしてくれる。また、同書では、エスノメソドロジーや社会構築主義の理論を基盤として、いかに対象に接近し理解できるのか、その方法的なありようが議論されている。

これらの理論や方法は、ある社会や人間をめぐる理論を外から当てはめ、当該のデータを解釈す

る営みではない。そうではなく、人びとが実際に行っている会話や相互行為の実践に埋めこまれている「人びとの理論や方法」「人びとの社会学」をとりだそうとする営みなのである。

また、インタビューやエスノグラフィーという、調査される人びとと直接、さまざまに交信することで、対象を理解するという方法にもこだわって議論されている。いずれも教育現象を素材としながら丁寧に議論されており、とても真摯で誠実なテキストといえる。

同書で論考を書いている人たちは、すべて教育社会学を専攻する研究者たちだ。そのこともあり、具体的な事例は、保健室などの学校現場であり、少年非行をめぐる公式統計やいじめをめぐる言説である。だから教育に関心があり、その周辺で質的研究をしたいと考える人は必読だろう。

私は第三部におさめられた「正統派フィールドワーカー」と「脱心理学的リサーチャー」と編者たちとの対話が興味深かった。質的調査研究に量的発想をとりこもうとする「正統派フィールドワーカー」佐藤郁哉の語りがもつ〝粗雑さ〟に対して、編者たちが緩やかな抵抗感を示しており、私もその点は同じことを感じてしまった。

能智正博『質的研究法』東京大学出版会、二〇一一年

一〇年ほど前から、心理学研究に地殻変動が起きているという。質的心理学研究というジャンルが創造され、心理学だけでなく、看護や医療、福祉という臨床現場での研究に大きな影響を与えつつあるのだ。本書は臨床心理学を中心に、質的研究の方法について解説した初心者のための入門書である。

まず質的研究を行う前の最初の足場固めとして、研究活動という広い文脈で質的研究がいかに位置づけられるのかを語り、なぜいま、臨床心理学およびその関連領域で質的研究が要請されているのかが説明される。そして、実際に質的研究を進める前に、研究自体が中心的に扱うことになる〈語り（ナラティブ）〉という概念とは何かが丁寧に説明される。

研究計画をどのように立ち上げるのか。その際に基本となる問いをいかに育てるのか。その問いと臨床の現実とをどのようにつなぐのか。さらに何をどのように観察すればいいのか。そもそも観察するとはどのような営みなのか。

インタビューをとるとして、インタビューとはどのような相互行為であるのか。インタビューをする前に、何をどのように準備しておけばいいのだろうか。実際にインタビューを行うとして、まずどのような場をセッティングし、インタビュイーと顔を合わせ、インタビューを開始し、やりとりを発展させ、どのように終えればいいのだろうか。

録音された資料をもとに、どのように書き起こし、トランスクリプトをつくればいいのだろうか。作成した質的データと「対話」し「内省」を深めることで、どのように分析を進めればいいのだろうか。分析の結果得られたと考える内容を、どのようにして書き、誰に向けて、どのように伝えればいいのだろうか、等々。

こうした一連の問いかけに答えるかたちで、質的分析の方法が丁寧に語られる。一般的に質的研究とは何かを考えながら、この本を読んでも、あまりおもしろみは感じられないだろう。そうではなく、各自が自らの問題関心や実践領域の現場での実感をもとにしながら、「自分が仕事をしている現場で、あるいは自分の関心領域で、質的研究を進めるとすれば、どうしたらいいのだろうか」ということを考えながら、同書を読むとき、そこに書かれていることがもつ意味が、より〝腑に落ちていく〟のではないだろうか。

阿部潔・難波功士編『メディア文化を読み解く技法――カルチュラル・スタディーズ・ジャパン』
世界思想社、二〇〇四年

私たちが、日常で回避し得ないもの。それはメディアを介してあふれる多様な文化だろう。そうした多様な文化をどのようにして読み解くことができるのだろうか。

この本は、興味深い具体的なテーマを選びだし、イントロ（事例やエピソードの紹介）→理論パート（それを読み解くための理論の解説）→実証パート（実際に読み解いて見せる実証）→まとめ、というユニークな構成を各章でとっている。「使える教科書」をめざすということだが、使える、使えないはともかく、各章のテーマも読み解きもおもしろい。

広告のなかで身体がどのように描かれるのか。広告のなかの身体を見て、私たちはどのような理想的な身体イメージを受容しているのだろうか。

美容整形という自分の身体の加工は、いったい私たちに何をもたらしているのだろうか。

博物館や博覧会において、自分たちと異なるもの、つまり異民族や異文化がどのように表象されてきたのだろうか。

「自分たち＝自己」とは異なる「あの人たち＝他者」を、私たちはどのように享受してきたのだろうか。

日本が世界に誇る大衆文化である「アニメーション」に見られる、特徴的で独自の表現形式とはどのようなもので、それらは私たちに何を与えてきたのだろうか。

インターネットの世界は、私たちの日常世界とどのような関係にあるのだろうか。

音声メディアであるラジオは、はたして「古いメディア」なのだろうか。ラジオの現代的な意味とは何だろうか。

スポーツという世界にもまた、読み解くべき興味深い現象が多い。

「女子マネージャー」はスポーツマンガのなかで、どのように描かれているのだろうか。スポーツマンガのなかでは、男性と女性というジェンダー／セクシュアリティは、どのように対照的に描かれているのだろうか。格闘技の世界では、心身ともに強さと逞《たくま》しさが要求されるが、そうしたものが「男同士のきずな」というホモソーシャルなものと、どのような関係にあると描かれているのだろうか。

もちろん、メディア文化を読み解くうえで、もっと多様な素材が私たちの日常にはあふれているだろう。また、この教科書での読み解きが、「いま、ここ」を生きている私たちの実感とどのように一致し、またずれているのかを考えることも興味深い。大衆文化事象を調べたいと思う人は、必読だろう。

テレビニュースやワイドショーなどの番組、そこで展開される映像をいかに読み解けるかを考えるうえでは、**伊藤守編『テレビニュースの社会学――マルチモダリティ分析の実践』（世界思想社、二〇〇六年）**という本もまた参考になる。

あとがき

本書を書いているときに、おもしろい本と出会った。奥村隆『反コミュニケーション』（弘文堂、二〇一三年）だ。

まずタイトルに魅かれた。反コミュニケーションとは、何だろうか。

冒頭から、驚かされる。著者は「コミュニケーションが嫌いだ」と明言する。

私たちは、他者と関係を結ぶために、普段から会話やいろいろなやりとりをする。相手のことを配慮しつつ、どうしたら自分の言いたいことを相手に伝えることができるのだろうか、等々、細かな機微を考えながら、他者と向き合っているはずだ。

そうした営みがコミュニケーションであるとすれば、自分の目の前にいる数多くの他者と自分をつないでいくという基本的な営みを、著者は嫌いだと言うのだ。まずこの言葉に私は魅かれ、一気に読み終えてしまった。

コミュニケーションは嫌いだと言いながら、著者は、大学で「コミュニケーションの社会学」という講義をもっている。そこで、学生たちを前にして、コミュニケーションや他者をめぐる問題を平易かつ興味深く語っているのだろう。

この本からは著者の講義内容や雰囲気が伝わってくるし、著者がもっている才気がほとばしり、あふれんばかりの力量が行間から確実に伝わってくる。

「よいコミュニケーション」とは何だろうか。学生からは、「自分も相手もリラックスできるもの」「意見を押しつけることがない」「対等に何でも言い合える」「よくわかり合える」などの答えが返ってくるという。学生たちからの答えにそれほどの深みもないし、幅もない。

そこで著者は、彼らの答えを手がかりとしながら、「仮想旅行記」を書きあげる旅に出かける。コミュニケーションや他者理解、社会における人間どうしのありようなどについて、これまで多くの優れた思想家や社会学者が語ってきている。その彼らに、著者がタイムスリップして会って語り合い、コミュニケーションをめぐるそれぞれの思想や理論のエッセンスを確認し、その意義を批判的に考察していくのだ。

人間どうしの純粋な浸透を見すえるジャン＝ジャック・ルソー。しょせん他者理解などできるものではない、だからこそお互いに距離をとり、互いが遊戯することの意義を説くG・ジンメル。理性的で合理的な談合こそ、対話がもつ重要なありようだと説くJ・ハーバーマス。他にも鶴見俊輔、R・D・レイン、J・P・サルトル、G・ベイトソン、R・ジラール、E・ゴフマン、N・ルーマン、吉田文五郎、A・ギデンズなど、社会学や現代思想、哲学、文学理論の錚々《そうそう》たるメンバーを一人ひとり、著者が訪ねていく。

難解な思想や考え方、概念などを自家薬籠中のものとし、的確に、わかりやすく語りだす著者の力量は、なかなかすごいものだ。なるほど、彼らはこのような考えを述べていたのかと思わず納得してしまう。著者の講義を聞いている学生たちは、いい講義を聞けて幸せだろうと想像する。それぞれの思想家や理論家と著者とのスリリングな〝対話〟を楽しみながら、各章を一気に読みきってしまった。

で、著者はどのような結論にいたったのだろうか。

「よいコミュニケーション」とは何かという問いに対し、これだという明快な解答はない。得体のしれない不気味な他者に対して、自分がどのようなコミュニケーションが可能かは、こうした理論や思想からは答えを導きだすことができない、というものだ。

そして最後に著者は、冒頭の言葉を繰り返す。「私はコミュニケーションが嫌いだ」と。

多くの社会学理論家や現代思想家とのわかりやすい、しかし中身に満ちた、その意味で緊張感あふれる〝対話〟の旅を追体験した快い疲れと刺激を感じた後、私はこの本が示している結論に、改めて納得した。

なるほど、これだけ多様な人びとがコミュケーションや他者理解とは何かを理論的に考えつめたとしても、そこには最適な解はなかったのかと。

それぞれの思想家や社会学者には、望ましい社会や人間存在についてのイメージがあり、それに適《かな》うようなコミュニケーションをめぐる社会や私たちのありようを考えぬいて、言葉にしている。しかし、そのいずれも頭では納得できても、私たちの日常すべてに機能し得る最適な解ではない。

頭で考えぬいた答えと、私たちが日常で何気なく実践しているコミュケーションの多様性と厚み――言い方を変えれば、自在に変化し得る日常的現実の恣意的なありよう――との落差について、この本を読み、改めて感じ取ることができた。

「よいコミュニケーション」とは何か。他者とどのように向き合い、他者をどのように理解したらいいのか。こうした問いへの答えは、日常、私たちが他者と出会う実践を「いま、ここ」で反芻し、その意味を批判的に考え直していく、絶えざる営みのなかにしかない。

だからこそ、他者とどのように「あたりまえ」に出会ってしまっているのか。その「あたりまえ」の日常に、いかなる問題が息づいており、いかなる〝生きられた知〟が働いているのか。こうしたことを私たちが日々の営みを反省するなかで実感していく意義が、改めて確認できるのだ。

そして、本書で主張している「日常性のフィールドワーク」とは、いわば完璧なかたちで達成することなど不可能な他者理解を、〝見果てぬ夢〟として夢見ようとする思考実践といえるのだ。

通勤電車のドアに貼られた、これこそベストセラーだと喧伝する自己中心的な広告――どんな人に対してもぶれないようにするためにはどうすればいいか、人生のズレをどのように修正すべきか、など、社会や人間関係を勝ちぬいていくための処方を声高に語る「人生マニュアル本」が、いまも盛んに出されている。

時代状況が変化しようと、こうしたマニュアル本はつねに姿を現わすだろう。でも、このような処方箋は、はたして生きていくうえで、意味あるものなのだろうか。

本書には、一言や二言で語れるような処方箋は書かれていない。

そうではなく、むしろ、こうしたマニュアル本があたかも意味があるように思いこまされている「日常性」を、私たちがどのように生きているのか、自分のセンスと知でいま一度じっくりと見直す。そうした営みのなかにこそ、本当の意味での人生のマニュアルとなり得る智恵が息づいているし、私たち一人ひとりは、それを見出すことができるのだ。「日常性のフィールドワーク」とは、そうした実践のすすめなのである。

本書は、私の前著『「あたりまえ」を疑う社会学』（光文社新書、二〇〇六年）の延長上にあり、大学学部で社会学を学んでいる学生にまず読んでほしいと思う。しかし前著が社会学という領域を軽く超え、もっと多様で多くの人びとに読まれたように、本書もできるだけ多くの人びとに読んでほしいと願っている。

私は本書を、東日本大震災や原発事故によって、日常が一瞬にして溶解し、変貌してしまうという体験がまだ生々しいときに出したいと思っていた。しかしその後、（被災地以外の）日常が不死鳥のごとくよみがえってくるなかで、日常とはこれほどタフであり、私たちにとってこのうえもない大事な「居場所」であったのかということを、改めて実感している。まだ東北の復興や原発事故の収束すらできていないのに、私たちは、脱原発がもつ暮らしへの根源的な意味をすでに忘れ去ったかのようだ。この意味は、政治的に右か左かという次元のものではないはずだ。
しかし、気持ち悪い濁った保守的な空気が、原発事故がもっていた意味をぼやけさせ、反知性主義の根拠なき感情が、私たちがもつ確かな理性や知性で社会を見直そうとする動きを、声高にかき消そうと躍起になっている。
こんな不気味な日常を、いま私たちが生きざるを得ないからこそ、「日常性のフィールドワーク」は、まさに必要な実践であり、ものの見方であろうと、私は思う。

前著と同様、今回も三宅貴久さんにお世話になりました。原稿への的確なアドバイス、感謝します。私が言いたいことが少しでもわかりやすく語れているとすれば、それはすべて三宅さんのおかげです。ありがとうございました。

二〇一四年三月

好井裕明

好井裕明（よしいひろあき）
1956年大阪市生まれ。東京大学大学院社会学研究科博士課程単位取得退学。筑波大学大学院人文社会科学研究科教授、日本大学文理学部社会学科教授等を経て、摂南大学現代社会学部特任教授。京都大学博士（文学）。専攻は、差別の社会学、エスノメソドロジー、映画の社会学。著書に『批判的エスノメソドロジーの語り』（新曜社）、『「あたりまえ」を疑う社会学』（光文社新書）、『差別原論』（平凡社新書）、『ゴジラ・モスラ・原水爆』（せりか書房）、『排除と差別の社会学』（有斐閣選書）などがある。

違和感《いわかん》から始《はじ》まる社会学《しゃかいがく》　日常性《にちじょうせい》のフィールドワークへの招待《しょうたい》

2014年4月20日初版1刷発行
2024年9月30日　4刷発行

著者 ── 好井裕明
発行者 ── 三宅貴久
装幀 ── アラン・チャン
印刷所 ── 堀内印刷
製本所 ── 国宝社
発行所 ── 株式会社光文社
東京都文京区音羽1-16-6（〒112-8011）
https://www.kobunsha.com/
電話 ── 編集部03（5395）8289　書籍販売部03（5395）8116
制作部03（5395）8125
メール ── sinsyo@kobunsha.com

　ISBN 978-4-334-03793-2

光文社新書

689
プロ野球の名脇役
二宮清純

大記録の陰に名脇役あり。エースや4番の活躍だけが野球じゃない！　長年野球を見てきたジャーナリストが、脇役たちの物語に光を当て、プロ野球のもう一つの楽しみ方を伝授！

978-4-334-03792-5

690
違和感から始まる社会学
日常性のフィールドワークへの招待
好井裕明

日常の小さな亀裂から問題を発見し、読み解く力とセンスとは？　思いこみ、決めつけの知に囚われている自分自身を振り返り、日常を〝異なるもの〟として見直す。

978-4-334-03793-2

691
ホテルに騙されるな！
プロが教える絶対失敗しない選び方
瀧澤信秋

どうすれば安く、賢く泊まれるのか？　年間200泊を超えるホテル評論家が、一般利用者でもすぐに使える知識を徹底指南。あくまでも〝宿泊者目線〟を貫いた画期的な一冊。

978-4-334-03794-9

692
テキヤはどこからやってくるのか？
露店商いの近現代を辿る
厚　香苗

「陽のあたる場所から、ちょっと引っ込んでいるような社会的ポジション」を保ってきた日本の露店商。彼らはどのように生き、商売をしているのか――。その仕事と伝承を考察。

978-4-334-03795-6

693
10日もあれば世界一周
吉田友和

「世界一周航空券」の登場により、夢のような旅だった世界一周がどんどんお手軽になっていく。どの国を、どんな順番で回るか。仕事を辞めず、短い休みで実現する方法を教える。

978-4-334-03796-3